KB200627

기도하고 통곡하며

기도하고 통곡하며

이찬수

규장

한나가 마음이 괴로워서 여호와께 기도하고 통곡하며

서원하여 이르되 만군의 여호와여

만일 주의 여종의 고통을 돌보시고 나를 기억하사

주의 여종을 잊지 아니하시고 주의 여종에게 아들을 주시면

내가 그의 평생에 그를 여호와께 드리고

삭도를 그의 머리에 대지 아니하겠나이다

…

이르되 당신의 여종이 당신께 은혜 입기를 원하나이다 하고

가서 먹고 얼굴에 다시는 근심 빛이 없더라

삼상 1:10,11,18

의지할 하나님이 있는 인생

경제협력개발기구(OECD)가 발표한 '2015 더 나은 삶 지수(Better Life Index 2015)'에 따르면 한국은 11개의 세부 평가 부문 가운데 '사회적 연계(Social Connections)'에서 36개 조사 대상국 가운데 꼴찌를 기록했다.

"사회적 연계는 어려움에 부닥쳤을 때 도움을 요청할 수 있는 친척, 친구 또는 이웃이 있다고 응답한 사람의 비율을 뜻하는데 한국인은 72퍼센트만이 이런 사람이 있다고 답했다. 이는 OECD 평균 88퍼센트보다 16퍼센트 낮다."

연합뉴스에 소개된 자료인데, 이 외에도 우리나라는 총 11개 세부 평가 부문 가운데 절반에 가까운 5개 지표에서 조사 대상국 중 하위 20퍼센트에 들었다고 한다. 예를 들면, '일과 삶의 균형'은 36개국 중 33위였고, '건강'은 31위, '환경'은 30위, '삶의 만족도'는 10점 만점에 3.8점을 기록해 36개국 중 29위에 그쳤다.

더군다나 11개 부문 모두 합친 전체 순위에서 한국은 올해 27위로 작년보다 두 계단이나 더 떨어졌다고 한다.

비슷한 통계 자료를 수없이 보아왔기에, 이런 통계 자료가 새삼스러운 것은 아니지만, "한국인 어려울 때 의존할 사람 없다. OECD 국가 최악"이라는 제목의 머리기사는 새삼 마음을 아프게 했다.

평소에는 무슨 동창회나 동호회 모임에서 술잔을 기울이며 시끌벅적하게 관계 맺기에 몰두하는 우리나라 사람들이 정작 어려운 일을 만날 때 마음을 나누고 의존할 사람이 없다는 것은 얼마나 슬픈 일인가?

나는 이 통계 자료를 다룬 기사를 보다가 우리 부모님 세대가 즐겨 부르시던 찬양 한 곡이 불쑥 떠올랐다.

세월 지나갈수록 의지할 것뿐일세
무슨 일을 당해도 예수 의지합니다
_새찬송가 543장

사무엘상에 나오는 '한나'라는 여인과 그 주변 사람들을 살펴보면, 인생은 '어려움이 있다/없다'로 나누어지는 것이 아니라 '어려워 죽겠다'는 현실의 공통점을 바탕으로 '어려울 때 의지할 하나님이 있다/없다'로 나누어지는 것을 알 수 있다. 이 책은 바로 그 이야기를 다루고 있다.

이 책의 독특한 점 하나는 한나와 관련한 웹툰이 함께 담겨 있다는 것이다. 특별새벽부흥회를 앞두고 문제가 있어도 기도하지 않는 현대인들의 이야기를 다루고 싶어서 재능 있는 우리 교회의 대학부 청년들에게 의뢰했다.

인터넷팀의 김유미, 박찬미 자매가 글을 썼고 일러스트는 박소희 자매가 수고해주었는데, 한나의 이야기를 꿈속에서 만나보고 현실의 어려움을 극복해간다는 액자식 구성을 기대 이상으로 잘 만들었다. 청년들과 함께 하진호 목사와 이휘 간사가 수고를 많이 했다. 웹툰을 통해 한나의 이야기가 조금 더 생생하게 다가오게 되기를 기대해본다.

늘 그렇지만 특히나 이번 책은 한 마음으로 도운 동역자들이 더욱 많다. 이들에게 감사의 마음을 전한다. 그리고 책으로 엮여 나오기까지 애써준 규장의 여진구 대표와 각 분야의 실무진에게도 감사의 마음을 전한다.

이 책을 통해 독자들의 입술에서 이 찬양이 흥얼거려지는 인생이 되기를 간절히 바라고 기대한다.

어려운 일 당할 때 나의 믿음 적으나
의지하는 내 주를 더욱 의지합니다

이찬수 목사

프롤로그

웹툰 컨텐츠 : 드림 속의 드림, 한나의 기도

차례

PART **3**

하나님 음성에 순종하니
하나님이 일하신다

〈기도하고 통곡하며〉 웹툰 컨텐츠

드림Dream 속의 드림Offering,

한나의 기도

분당우리교회 인터넷팀

글 김유미, 박찬미 | **그림** 박소희

힐링과 공허 사이

삶은 계란을 급하게 먹은 것처럼
가슴이 꽉 막히는 날이 있다.

오늘은 유독 심하다.

이 체증을 당장 내려보내지 않으면 안 될 것 같아
소유에게 메시지를 보냈다.
도저히 혼자 감당할 답답함이 아니었기 때문이다.

초등학교 5학년 때 친해진 소유와
붙어 다닌 지 벌써 17년.

누군가에게 내 속마음을 들춰낸다는 건
마치 그 앞에서 옷을 벗는 것 같아 잘 표현하지 않는데,
소유에게만은 그렇지 않다.

그게 17년이란 세월 때문인지,
아니면 성격이 잘 맞아서인지는 모르겠지만
지금은 그런 시시콜콜한 것까지
신경 쓰고 싶지 않다.

그냥 친한 친구니까 그런가보지 뭐.

"너 참다 참다 터졌구나."

소유가 커피를 한 모금 들이키며 내 마음을 눈치챘다.

"어…"

거친 내 한숨에
커피 위 얼음들이 달그락거렸다.

나보다 한 살 어린 우리 팀 팀장이 있다.
유복한 가정에서 외동딸로 태어나
가지고 싶은 것, 배우고 싶은 것 다 누리며 살아온…

이진주 팀장.

그녀는 내가 못마땅한지 유독 나를
다른 직원들 앞에서 망신 주기 일쑤다.
오늘도 그랬다.

"최은혜 씨."

나를 부르는 목소리가 싸늘했다.
돌아보니 이 팀장이 내 기획안을 보며 미간을 찡그리고 있었다.
한참을 가만히 있던 그녀가 입을 열었다.

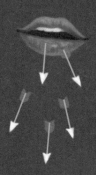

"은혜 씨, 지금 몇 번째 퇴짜인지 세어봤어요?
아무리 이번 프로젝트가 좀 여유롭다고 해도 이건 아니잖아요.
누구나 생각할 수 있는 걸 써오면 어떡해요.
지난번 기획안과 크게 바뀐 점도 없고.
이렇게 열정 없이 뻔한 생각만 하니까 아직 그 자리에 있는 것 아닌가요?
노력 좀 해주세요. 제. 발."

"아… 네… 수정해오겠습니다…."

"나이 어린 상사에게 지적받는다고 자존심 상해하지 마세요.
다 능력에 따른 것이지 사적인 감정 같은 건 없으니까.
3년 동안 일했다면 그에 맞게 성과 좀 내보세요.
신입사원들에게 창피한 일 아닙니까.
연차만 늘리지 말고 잘 좀 해주세요, 네?"

"…."

"그만 가보세요."

소유는 늘 그렇듯 나를 위로해주었다.

"팀장이면 다야? 말 좀 예쁘게 하면 어디 덧난대?
아니 그리고, 나무랄 거면 좀 사람들 없는 데서 하든지.
나 같았으면 한 소리 했을 텐데
넌 어떻게 가만히 있었니….

네가 착하니까 만만한가본데 아주 대단한 팀장님 납셨어.
은혜야, 나 과장 그만두고 너희 회사 들어갈까?
경력도 있겠다 팀장보다는 괜찮은 자리 주겠지~
가서 내가 혼내줄게! 호호."

나 대신 이 팀장 욕도 시원하게 해주며 말이다.

그렇게 한참을 위로받았다.
용기를 내서 할 말은 제대로 해보라는 조언도 받았다.

그런데 집에 돌아가는 길이
왜 또다시 공허하고 답답한지 모르겠다.

버스에서 멍하니 내 삶을 곱씹어봤다.

평범함 그 자체였다.

평범함은 나의 자존감을 낮추는 원인이 되곤 했다.

나름 열심히 했다고 생각했는데
주변을 둘러보면
나보다 뛰어난 사람들이 너무나 많았고,
나보다 행복해 보이는 사람들도 참 많았다.

그렇게 열등감에 치이며 살다
벌써 스물아홉 살이 되어버렸다.

서른을 앞둔
불안감.

초조함.

그리고 패배감.

갑자기 이 팀장의 비꼬던 말이 귓가에 맴돌았다.

"… 다 능력에 따른 것이지 사적인 감정 같은 건 없으니까.
… 연차만 늘리지 말고 잘 좀 해주세요, 네?"

머릿속을 괴롭히는 그녀의 목소리를 잊기 위해
고개를 저으며 창밖을 바라봤다.

모두가 행복해 보인다.

데이트하는 커플들,
깔깔대며 신이 난 친구들,
오랜 친구같이 서로 즐거워 보이는 회사원들….

누구나 다 삶에 힘듦과 괴로움이 있을 텐데, 다들 웃고 있다.
저 사람들은 **완벽한 위로**를 받고 있기 때문에
웃을 수 있는 걸까?

나는 제일 친한 친구인 소유에게도
충분한 위로를 얻지 못하고
공허한 마음도 채우지 못했는데….

이제 정말 어떻게 해야 하는 거지?

이런저런 생각을 하다 보니 벌써 집 앞이다.

집에 들어와 유난히 길었던 하루를 마무리하며 잠자리에 누우니
또 수많은 생각들이 들기 시작했다.

나는 무엇 때문에 이렇게 살고 있는 걸까?

오늘 회사에서의 일이 떠오르자 다시 슬퍼지기도 한다.
매번 다른 직원들 앞에서 나보다 어린 상사에게 깨지는 것이 치욕스럽다.

사는 것 참 힘드네….

마음 한편에서 공허함이 몰려온다.

– 까똑

은혜야 잘 지내고 있어? 리더 언니야~
요즘 못 본 지 꽤 됐네ㅜㅜ 이러다 얼굴 잊어버리겠어!!^^
회사 생활 많이 힘들지? 언니도 처음엔 힘들었는데
기도하며 하나님께 다 맡기고 기대니 평안해지더라고.
언니가 항상 너를 위해 기도하고 있어.
얼른 다시 공동체 나왔으면 좋겠다. 보고 싶어~

성경공부 리더 언니에게 연락이 왔다.

'그러고 보니 성경공부에 나가지 않은 지도 꽤 됐구나.'

공동체 모임에 참여하면 시간이 너무 많이 허비되는 기분이었고
최근엔 그나마 나갔던 주일예배마저
피곤하다며 종종 빠지곤 했다.

언니 반가워요~
요즘 회사 일로 많이 바빠서 잘 못 나갔네요...
조만간 갈게요^^

나를 위해 기도하고 있다고?

기도….

기도라는 것도 안 한 지 진짜 오래됐구나.
기도를 해볼까….

..하나님...

음...

아니다, 아니야.
해봤자 뭐해,
바뀌는 것도 없는데.

기도해봤자 벽보고 혼잣말 하는 기분이야.

하나님한테 기댄다는 건 도대체 어떤 걸 말하는 거지?
그동안 기도한다고 상황이 변하는 건 하나도 없었잖아!

기도를 한다고 해도 문제는 늘 같았다.

기도가 마법의 주문도 아니고 말이야.
기도해서 바로 이루어지면 세상 모든 사람이 다 기도만 하겠다.

휴….

눈을 감고도 한참을 잠 못 이르다 어딘가에 이끌리듯 잠이 들었다

그녀를 보았다

이른 아침 창가를 가득 채운 아침 햇살.
누군가 은혜를 급히 흔들어 깨운다.

"은혜야, 일어나!
오늘 주인님과 물 길으러 우물에 가기로 한 날이잖아!
늦었어!"

한나를 주인으로 모신 지 20년이 넘은 유모가 외친다.

은혜는 유모의 말이 끝나기가 무섭게 벌떡 일어나
허둥지둥 옷을 주워 입고 밖으로 뛰어나갔다.

밖에는 물 길으러 갈 채비를 마친 한나가 기다리고 있었다.

"정말 죄송해요….
어제 늦게까지 일하고 잤더니 그만…."

"괜찮다, 해가 높이 뜨면 더워질 테니 얼른 가자꾸나."

둘은 서둘러 우물가로 갔다.

우물가에는 여인들이 꽤 모여 있었다.
오늘은 카더라가 물 길으러 오는 날이기 때문이다.

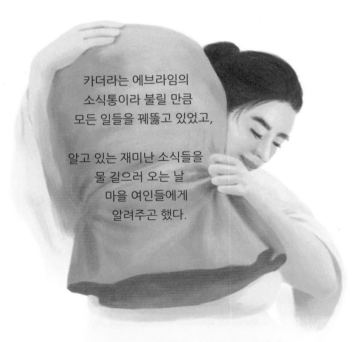

카더라는 에브라임의
소식통이라 불릴 만큼
모든 일들을 꿰뚫고 있었고,

알고 있는 재미난 소식들을
물 길으러 오는 날
마을 여인들에게
알려주곤 했다.

오늘도 역시 카더라는 동네 소식을 전하고 있었다.

"그거 들었어?
미가의 집에서 은돈으로 우상을 만들었다는 얘기.
돈으로 레위인을 제사장 삼아
자기 집에 복을 빌어달라고 말이지!"

"어머 그랬대?!
몰랐네…!"

"어쩜.
난 얼마 전에 그 동네
다녀왔는데도 몰랐네."

"그러게 말야.
카더라는 이런 소식을
어디서 알아오는지 참 신기해~"

여인들이 웅성웅성하기 시작한다.
카더라가 다시 입을 열었다.

"또, 에브라임 산지 구석에 사는 레위인이
첩을 두었다는 거 있지?"

"세상에…."

"그런데 더 놀라운 건, 그 첩이 남편 집에서 가출했는데
그 첩을 찾아오다가 베냐민 지파의 불량배와 시비가 붙어서
여자가 죽게 됐대."

"어머 어머…!"

"시체를 보고 그 레위인이 분노해 다른 지파에게 알렸는데,
결국 베냐민 지파가 다른 지파들한테
거의 몰살당했다 카더라~"

"아따,
그런 일이 있었구만…."

여인들의 수다가 우물가를 적시고 있을 무렵,
갑자기 찾아온 정적과 함께 여인들의 시선이 한쪽으로 쏠렸다.

시선들의 끝에는 한나와 은혜가 있었다.

서로 말은 안 하지만,
다들 슬금슬금 피하는 눈치다.

곧이어 한나의 남편인 엘가나의 또 다른 아내,

브닌나도 우물가로 왔다.

"모두들 여기 모여 있었네요,
어머, 저게 누구야?

저주받은 여자 아니야?"

우물가의 여인들은 일제히 한나의 얼굴을 바라보았다.

한나는 무언가 억누르는 듯,
아무런 표정 없이 서 있었다.

"저주받은 사람이 만지는 것마다 부정을 탄다던데,
여기에 손 대면 물도 저주받는 거 아닌가 모르겠네.

얼마나 큰 죄를 지었으면
저렇게 무시무시한 하나님의 저주를 받게 됐을까~?"

순간 한나의 표정이 일그러졌다.

브닌나가 경멸스러운 눈으로 한나를 바라보며 말했다.

"다른 사람들도 부정하게 만들지 말고 아무도 없을 때나 돌아다녀.

저주받은 여자는,

아무 말 없이,

죽은 듯,

사는 거야!"

고개를 푹 숙이고 있던 한나의 눈시울이 붉어졌다.
하지만 한나는 아무 말도 않고 일어나
그저 왔던 길을 되돌아갈 뿐이었다.

우물가에서 조금 멀어졌을 때,
그녀의 어깨가 들썩이는 것이 보였다.

아무도 브닌나에게 뭐라 하는 이는 없었다.
한나와 브닌나의 눈치를 보며 자리를 뜨기에 바빴다.

한나가 아이를 낳지 못하는 것은 마을에서도 유명했고,
불임은 저주받은 여자에게 나타나는 일이라
믿고 있었기 때문이다.

은혜는 서둘러 한나의 뒤를 좇았다.
이어 브닌나도 자리를 털고 일어났다.

"주인님!"

얼마나 걸음이 빠른지 한참을 앞서 가던 한나를 겨우 따라잡았다.
은혜가 조심스럽게 말을 꺼냈다.

"…괜찮으세요…?"

한나는 은혜의 괜찮냐는 한 마디에, 아무 말 없이 고개를 끄덕였다.

그러나 그녀의 눈에선 눈물이 멈추지 않았다.
은혜는 더 이상 말을 이을 수 없었다.

누가 보아도 한나는 괜찮아 보이지 않았기 때문에.

사실 한나는 많이 괴로웠다.

오래전부터 괴로웠다.

여성으로서 아이를
가질 수 없다는 사실만으로도
혼자 힘들었을 텐데,
아이를 가지지 못했다는
이유로 고통을 받고
멸시를 당하는 것이
말 못할 서러움으로 남아
한나의 속을 뒤집고 있었을 것이다.

원통하고 억울했지만
할 수 있는 것은 아무것도 없었다.

막막했다.

언젠가는 아이가 생길지도 모른다.

그렇지만,
영영 안 생길 수도 있다는 생각에 눈앞이 캄캄했다.

털어놓을 사람마저 없어 외로웠다.

남편 엘가나가 사랑해주기는 했지만,
그건 한나에게 그다지 큰 위로가 되지 않았다.

그렇게 침묵 속에 걷다보니 집 앞까지 왔다.

한나는 집으로 들어가고, 떠온 물을 받으러 온 유모에게 은혜가 말했다.

"우리 한나 주인님 어떻게 하면 좋나….
하나님도 정말… 저렇게 착하신 분께 왜 아이를 주지 않으실까…."

그때 옆에 있던 어린 여종 하나가 거들며 말한다.

"엘가나 주인님도 참…. 여주인님 아껴주시는 건 좋은데,
한나 주인님을 더 사랑하는 걸 드러내니까
브닌나 주인님이 갈수록 대놓고 심하게 괴롭히시잖아요.
불쌍한 한나 주인님…."

또 다른 종이 이야기한다.

"그래도 엘가나 주인님이 잘 해주셔서 다행이지.
아니었으면 더 비참했을지도 몰라…."

여종들의 말이 끝나기 무섭게 브닌나가 걸어왔다.

인사이더 아웃사이더

"여기서 웬 소란이냐?"

한나와 브닌나의 이야기를 하고 있던 여종들에게
브닌나가 매섭게 호통을 쳤다.

여종들은 갑자기 등장한 브닌나를 보고 흠칫 놀라면서도
곧장 한 목소리로 대답했다.

"죄송합니다."

"내일 성전에 올라갈 준비로 다들 분주할 텐데
여기서 농땡이 부리는구나.
어서 가서 일하지 못할까."

"네."

은혜와 종들은 황급히 집 안으로 들어갔다.

브닌나는 집 안쪽을 쭉 둘러보더니
여종들이 준비를 잘하고 있는지 도끼눈을 하며 살펴봤다.

"여호와께 드릴 제사이니, 단단히 준비들 하거라."

브닌나는 안주인이 된 것처럼 여종들에게 지시했다.

그때 브닌나의 아이들이 달려왔다.

"어머니, 오셨습니까."

"그래. 어미가 없는 동안 잘 지냈느냐."

마침 한나가 장막에서 나오다가
브닌나가 자식들의 머리를 쓰다듬는 모습을 보게 됐다.

브닌나도 한나가 자신을 보고 있는 걸 눈치챘는지

아들의 손을 꼭 잡은 채로
여종들에게 일을 시켰다.

"제물로 바치려고 골라둔 소를 깨끗이 씻겨라."

"가는 도중 물이 부족할 수 있으니 여분의 물도 챙겨두고,
간단한 음식들도 준비해라."

브닌나가 종들을 마음껏 지휘하는 동안 한나는 어린 여종 하나를 불렀다.

"이리 와서 잠깐 나 좀 도와주겠느냐?"

그러자 이를 본 브닌나가
한나가 부른 어린 여종을 다시 불렀다.

"애, 얼른 방에 가서 내일 내 아이들에게 입힐 옷을 준비하거라.
제일 단정하고 깨끗한 것으로."

"…예."

브닌나는 아들이 없는 한나의 존재를 철저히 무시했다.

**한나는 마음 깊은 곳에서부터 차오르는
모멸감을 느꼈다.**
하지만 이런 마음을 표현할 수 없었다.

'저주를 받아 아이가 없는 여자'

브닌나의 말이
아직도 귓가에 맴돌았다.

브닌나는 여전히 여종들에게 이것저것 지시하고 있었다.

한나를 바라보는 은혜는 왠지 모르게 안쓰럽기만 했다.

'브닌나는 아이가 많기 때문에
종들을 저렇게 부리며 안주인 행세를 할 수 있는 거겠지.

실제 안주인은 한나님인데….
아이가 없기 때문에 어쩔 수 없는 걸까?

하나님은 정말 한나님에게 저주를 내리신 걸까?

그렇게 안 보이는데….'

한나가 당황해서 말을 잇지 못하고 있는 중에
저 멀리 엘가나가 브닌나의 첫째 아들과 걸어오는 모습이 보였다.

"얘들아, 아버지가 오셨구나. 어서 가서 인사드리렴."

"네, 어머니!"

브닌나를 바라보는 한나의 표정이 서글프다.

엘가나는 아이들에게 양손을 이끌린 채 웃으며 집으로 들어왔다.

슬퍼 보이는 한나의 표정을 본 엘가나가
한나에게 다가가려 하자

브닌나가 엘가나의 시선을 돌리기 위해 아이들을 불렀다.

**"얘들아, 아버지 피곤하신데
어서 장막에 들어가 발을 씻겨드리렴."**

자신에게 다가오는 엘가나마저 막아버리는 브닌나의 행동에
한나는 아무 말 않고 성전에 갈 준비를 했다.

그렇게 밤이 될 때까지 제사 준비를 한 한나는
그제야 엘가나를 만날 수 있었다.

"나의 한나, 무슨 일 있소? 왜 얼굴에 근심이 가득하오?"

"아니에요, 아무 일 없어요.
얼른 씻으세요. 갈아입을 옷 준비해 왔어요.
내일 성전에 가려면 몸도 경건하게 해야죠."

"알겠소. 슬퍼하지 마오.
내가 있잖소.
당신이 아이를 낳지 못해 슬퍼하는 것 다 알고 있소.

사실, 내일 제사는 당신을 위해 준비하는 것이오.
당신이 아이를 낳을 수 있도록 말이오.
하나님께서 이번에는 분명 좋은 소식을 주실 것이오.

혹, 그렇지 않더라도
당신은 나에게 정말 소중하오.

자식이 있든지 없든지
내가 당신을 사랑하는 것은 똑같소.
그 사실은 잊지 마시오."

"고마워요…. 사실은 하루 종일 기분이 좋지 않았어요.
그렇지만 당신이 이렇게 말씀해주시니 한결 괜찮아지네요…."

하지만 한나에게는 좀처럼 위로가 되지 않았다.

왠지 모르게,

공허했다.

그렇게 한나의 우울한 밤은 깊어갔다.

은밀한 상처

"이렇게 매년 실로에 제사 드리러 오시니
여호와의 은총이 가득할 것입니다."

제사장 비느하스가 엘가나를 바라보며 축복의 말을 건넸다.

엘가나는 비느하스에게 감사의 인사를 올린 후,
가지고 온 제물을 가족에게 직접 나눴다.

먼저 브닌나와 그의 아들, 딸들에게 일정량의 양과 염소를 주었다.

"이것을 가지고 가서 여호와께 제사를 드려라."

그리고 집에서 가장 귀하게 준비한 소를 한나에게 건네주었다.

"한나, 이것은 당신을 위한 것이오.
하나님께서 당신의 마음을 아시고 원하는 것을 주셨으면 좋겠소."

"이것은… 엘가나…."

그때, 이 광경을 지켜보던 브닌나가
격분하여 소리쳤다.

"여호와께 이렇게 제사 드리는 것이 과연 선한 일입니까!"

분노를 감추지 못하고 흥분해
얼굴이 붉으락푸르락한 브닌나를
엘가나와 한나가 놀란 표정으로 바라보았다.

"저희는 아이들까지 합치면
적어도 다섯 제물은 있어야 할 줄 압니다.

아들 한 명도 낳지 못한 저주받은 한나에게
우리 집의 재산이라 할 수 있는
이 귀한 제물을 주는 것이 합당합니까?!"

브닌나는 한나의 손에 들린 소의 고삐를 거세게 잡아챘다.

주변의 제사장들과 레위인들의 시선은
일제히 엘가나 가족을 향했다.

은혜는 보았다.

민망함과 수치심으로 얼굴이 벌겋게 타올랐지만
눈물 한 방울 흘리지 못하는 한나의 얼굴을.

이 모습에 엘가나는 어찌할 줄을 몰라 했다.

"저는…
괜찮습니다.

이 새끼 양 하나면
충분…해요."

곧이어 한나가 옆에 있던 양 한 마리를 들고 가자,

제사장이 제물의 머리에 안수하고
기름과 콩팥을 떼며 여호와께 제사를 드렸다.

그 모습을 바라보며 한나의 심정은 복잡해져만 갔다.

'나에게 과연 축복은 있는 걸까…?
여호와 하나님은 내 마음을 아실까…?'

제사를 마치고 나오는데,
브닌나가 다가왔다.

"네가 그 제물로 여호와께 제사를 드렸다면,
엘가나는 저주받은 여자로 인해
대가 끊기는 저주를 받았을 거야.

그 저주를 내가 막은 것이라 생각해라."

순간 한나의 눈에는 참기 힘들 정도로 눈물이 왈칵 차올랐다.

'정말 내 존재 때문일까…
이 모든 저주의 근원은…'

어느덧 온 가족의 제사 의식이 끝나고,

제사를 진행한 홉니와 비느하스는
제물 중 제사장의 분깃을 나눈 다음
나머지를 엘가나 가족들에게 주었다.

받은 제물로 엘가나의 온 가족이 함께 모여 식사를 하는 도중,
브닌나가 엘가나에게 다가가 다정한 목소리로 말했다.

"엘가나,
우리 아이들이 많이 컸고 아들들은 이제 가업도 물려받을 텐데
제물의 분깃을 더 많이 받아야 하지 않을까 합니다.
큰 아들은 이제 곧 가정도 꾸려야 하니 준비도 해야 하고….”

"흠…
지금 바로 결정할 문제는 아닌 것 같소.
생각은 해보지요.”

시원찮은 엘가나의 말투,

그리고 원했던 답변도 받지 못한 브닌나는
옆에 있는 한나를 흘겨보았다.

"아들도 없는 한나의 몫을
우리 아들들에게 주는 것만으로도 충분할 텐데요."

한나는 고개를 떨구었다.

식사를 하지 못하고 한동안 굳어 있다가
결국 조용히 자리를 벗어났다.

한나가 일어나는 순간,

두 볼에 눈물이 흘러내리는 것을 본 엘가나가 한나를 따라갔다.

그녀의 어깨가 심하게 흔들리고 있었다.

"…한나, 울지 마오.

내가 있는 것이
당신에게 열 명의 아들이 있는 것보다
더 낫지 않소?"

한나는 두 손으로 얼굴을 가린 채 흐느껴 울고 있었다.

위로하며 어깨를 잡아주는 엘가나의 손길에도 불구하고
한나는 아무 말 없이 자리를 피했다.

한나는 성전에 들어가 그동안의 울분이 터진 듯

큰 소리로 여호와께 기도드렸다.

"하나님…!

어찌하여…
저에게 이런 시련을 주십니까….

어떠한 괴로움에도 전지전능하신 하나님을 믿으며 버텨왔습니다.

하지만 하나님,

언제까지 이렇게 눈물짓고 살아야 합니까….
점점 지쳐가기만 합니다.

저를 기억해주세요.

저주받은 여자라 말씀하지 마세요.

저의 괴로움을 돌아봐주세요.

사람들이 저를 저주받은 여자라 부르는 것이 저의 마음을 아프게 하는데

하나님께서도 저를 저주받았다 하신다면
저는 어디로 가야 합니까."

흐느낌을 참지 못한 한나는 울음을 터트렸다.

울다 숨이 막히는지
때때로 주먹으로 가슴을 쳤다.

"마음이 너무나 아프고 괴롭습니다.

하나님,
저를 불쌍히 여겨주세요."

울다 지쳐갈 즈음,
또다시 한나의 눈에서 눈물이 왈칵 쏟아졌다.

지금까지 흘렸던 눈물과는 달랐다.

속상한 마음이 쌓이다 못해 가슴이 미어졌다.

이런 감정을 느낀 것은 처음이었다.

"흐흑… 하나님…."

계속 눈물이 나왔지만
왜 눈물이 나는지 알 수 없었다.

한나의 의지가 아니었다.

한나의 가슴 깊숙한 곳에서부터 우러나오는 눈물이었다.

그 순간 무엇인가가 한나의 마음에 박혔다.

숨이 탁 막히는 듯했다.
한나는 떨리는 손으로 가슴을 움켜쥐었다.

'마음이 너무 아프다.
자식이 없는 아픔으로 기도할 때보다,
가슴이 찢어지게 아프다….

아… 하나님의 마음이구나.

하나님께서 나를 보는 마음이 이러셨을까?

이스라엘을 보는 하나님의 마음이 이러셨을까?

이렇게 아플 정도로 하나님이 나를 사랑하시는 걸까….

하나님은 나에게 저주를 내리신 게 아니었던 거야….

**하나님의 사랑을 깨닫게 하시려고
나에게 이런 과정을….'**

턱까지 차오른 호흡에
숨을 제대로 쉴 수 없었고
터져 나오는 눈물은
자신의 의지로 도저히 주체되지 않았다.

한나가 자리를 뜰 때부터 뒤따라와 지켜보던 은혜가
무슨 일인가 싶어 달려왔다.

"주인님…! 괜찮으세요?"

말이 잘 나오지 않아,
한나는 눈물을 흘리며 말 없이 고개를 끄덕였다.

은혜는 제대로 몸도 추스르지 못하는 한나를
계속 붙잡아주었다.

한참을 더 기도하는 듯 싶었는데

잠잠해진 한나의 입에서
뜻밖의 기도가 흘러나왔다.

"하나님…

괴로워하던 저의 모습을 보고
더욱 마음 아파하셨을 하나님….

이제야 하나님의 사랑을 알았습니다.
이제야 하나님의 계획이 있으심을 깨달았습니다.

저만 힘든 줄 알았고,
저만 아픈 줄 알았습니다.

나의 아버지 되시고 주인 되신 사랑하는 여호와 하나님께서
항상 제 기도를 듣고 계시다는 것을

이제야 알았습니다….

하나님…

제가 …"

액츄얼리 러브

"제가…

어떻게 하면 좋을까요….
어떻게 해야 아버지의 마음이 아프지 않으실까요….

제가 무엇을 해야 할까요….

이 혼탁한 이스라엘을 바라보시는
아버지의 마음을 아프게 하지 않을 수만 있다면….."

한나는 한참을 생각하며 말을 잇지 못했다.

그러다 결심을 한 듯,

다시 입을 열었다.

"저에게 아들을 주신다면…

그 아들과 그의 전 생애를 여호와께 드리겠습니다.

아버지의 뜻을 위해,

아버지의 나라를 위해 쓰일 수 있도록,

그 아들을 드리겠습니다."

기도 마지막에 이르러
한나가 하나님께 한 가지 약속을 고백하자

옆에 앉아 듣고 있던 은혜의 두 눈이 놀라움으로 동그래졌다.

한나의 표정은 온화하면서도
그 누구보다 확신에 차 보였고,

얼굴은 눈물자국으로 가득했지만
슬픈 기색은 전혀 찾아볼 수 없었다.

무릎에 얼굴을 파묻고 울부짖던 마음들이
근원을 알 수 없는
기쁨의 마음으로 바뀌어갔다.

'하나님께서… 기뻐하시는구나,

하나님 아버지의 쓰라린 마음을 함께 아파했기 때문에,

나로 인해 이렇게 기뻐하시는구나!'

한나가 울며 기도하는 동안,
성전 문 밖에 앉아 있던 제사장 엘리는
굉장히 불쾌한 표정으로 한나를 지켜보고 있었다.

'아무리 세상이 흉흉하다지만
가정도 있는 여인이 성전에까지 술에 취해 들어오다니….
있을 수 없는 일이군.'

보다보다 안되겠는지, 혀를 차며 한나에게로 다가갔다.

"이보시오,
언제까지 취해 있을 작정이오?!

포도주를 끊으시오!

신성한 성전에서 지금 이게 무슨 짓이오!"

"…아닙니다, 제사장님!
저는 포도주나 술을 마시지 않았습니다…!

저는… 큰 괴로움 중에 있는 여자입니다….

여호와 앞에 제 마음을 쏟아 놓고 있었어요.
저를 나쁜 여자로 생각하지 마십시오.

너무나 괴롭고 슬퍼서 기도를 드렸던 것입니다…."

엘리는 그제야 이해를 하고
진심으로 한나의 기도가 이루어지길 축복해주었다.

"아…, 내가 오열하는 모습만 보고 오해를 했소.
미안합니다. 사과하지요.
이스라엘의 하나님께서 당신이 원하는 것을 허락해주시기를 바라오.
평안히 가시오."

한나는 환한 웃음을 내보였다.

은혜는 신기하기만 했다.

분명 성전에 들어갈 때만 해도 한나의 얼굴은 **처절한 아픔**으로 가득했는데,
자신이 겪은 수모에 슬퍼하고 괴로워하며 기도했는데,

지금

그녀의 얼굴에 어둡게 드리웠던 그림자는 온데간데없고
괴로움을 조금도 찾아볼 수 없었다.

행복과 평안이 가득했다.

아니,

행복해 보이는 정도를 넘어

환희가 넘치고 모든 짐을 다 내려놓은 듯한 표정이었다.

'하나님이 나를… 정말 사랑하시는구나….

그걸 잊고 있었어….

이제 아무것도 두렵지 않아.

바보같이 중요한 사실을 잊고 혼자 힘들어하고 있었잖아….
앞으로 어떠한 일이 있어도 다시 무너지지 않을 거야.

하나님께서 나를 사랑하시니까.

그 사실만으로도 얼마나 감격스러운지….'

걸어가면서도 기도할 때의 여운이 아직 남아 있는지

한나는 미소를 띠다가도
다시 감격의 눈물을 흘리기도 했다.

은혜는 차마 물어보지는 못하고,
고개만 갸우뚱하며 한나의 뒤를 따라갔다.

한나는 가족들이 머무르고 있는 곳으로 돌아가서
자신이 먹다 만 음식을 다시 먹었다.

나머지 가족들은 식사를 거의 마친 후 잘 준비를 하고 있었고

브닌나는 장막 안에서
막내아들을 무릎에 앉혀 밥을 먹이고 있었다.

장막 주변을 거닐던 엘가나가 식사 중인 한나를 지켜보다
조심스럽게 입을 열었다.

"한나… 괜찮소…?
아까 성전에서 괜히 나 때문에 곤욕을 당한 것은 아닌지…."

"괜찮습니다,
당신 탓이 아니에요.
그래도 마음 써주시니 감사해요.

저 이제 괜찮아요.
아까는 정신이 없어 당신이 왔는데도 자리를 피했네요….
미안했어요, 엘가나."

"아니오. 미안할 것 없소.
지금껏 이런 일이 없었는데 걱정이 되었을 뿐이오.
내일 아침 일찍 예배드리고 출발해야 하나 얼른 잘 준비합시다."

한나의 밤은 그 어느 때보다 포근했다.

브닌나가 어떤 독한 말을 해도 한나의 마음까지 침범할 수는 없었다.

한나는 잠들기 전,
성전에서 기도했던 것을 다시 기억했다.

이따금씩 눈물이 볼을 타고 흘렀다.

슬퍼서 나오는 눈물이 아니었다.

저주받은 여자라 생각하며 고통의 시간을 보냈던 그때에도,

하염없는 사랑의 눈빛으로 바라봐주신
하나님의 사랑에 감사하는 눈물이었다.

구름 위를

가슴이 벅차올라

둥 둥

떠다니는 것만 같았다.

이제야 한나는 자기 이름의 진정한 의미를 알게 되었다.

"은혜…,

지금 제가 여기 서 있는 것은

오로지 하나님의 은혜입니다…."

הנה 한나 : '은혜'라는 뜻

이튿날 아침 일찍,
엘가나의 가족은 자리에서 일어나 여호와께 예배드렸다.

그리고 그들은 집으로 돌아갔다.

사랑은 아름다워

실로에 다녀온 엘가나 가족의 일상은 평소와 똑같이 흘러갔다.

한 가지 바뀐 점이 있다면,

한나의 얼굴에서 웃음이 떠나지 않는다는 것이다.

실로에서 많은 일을 겪은 한나는
옷을 만들 천을 사러 오랜만에 시장에 나갔다.

마음에 평안이 찾아왔기 때문일까,
오늘따라 한나의 발걸음은 더욱 가벼웠다.

시장의 이곳저곳을 돌아다니며
마음에 드는 예쁜 옷감을 골라온 한나는,
사온 옷감을 잠시 내려놓고
콧노래를 흥얼거리며 저녁 식사를 준비하러 갔다.

그리고 오늘따라 기분이 유독 좋아 보이는 한나를
못마땅하게 쳐다보는
브닌나의 시선이 있었다.

'뭐야, 왜 저렇게 신나 보이지?
밖에 나간 사이에 엘가나와 무슨 일 있었던 거 아니야?'

그 순간,

**한나가 사온 옷감이
브닌나의 눈에 들어왔다.**

평소 옷 만드는 것을 즐기는 한나임을 알고 있었기에,
그녀가 기분이 좋은 까닭을 짐작할 수 있었다.

'그래, 저거다.
오늘은 옷감이 좀 괜찮아 보이는데…?'

브닌나는 콧노래를 부르며 저녁 준비를 하는 한나를 흘깃 보고
옷감을 자신의 장막으로 가져갔다.

그러고는 서둘러 그것들을 자르기 시작했다.

"이건 첫째 아들…

이건 둘째 아들…"

시간이 얼마나 흘렀을까.

저녁 식사까지 마치고 옷감을 챙기러 온 한나가
당황한 목소리로 사람들에게 물었다.

"다들 여기… 여기 둔 파란 옷감 못 봤나요?"

여종들이 두리번거리는데
한 여종이 말했다.

"브닌나 주인님이… 가져가셨습니다."

여종의 말을 듣고 한나는 황급히 브닌나의 장막으로 뛰어갔다.

브닌나는 빠르게 저녁 식사를 한 후,
아들들의 옷을 마저 만들고 있던 중이었다.

"지금 뭐하는 겁니까, 브닌나."

눈을 똑바로 쳐다보며 말하는 한나가 낯설어
순간 브닌나의 얼굴에 당황한 기색이 역력했다.

한나보다 나이 어린 브닌나였지만,
곧 당황함을 가라앉히며 또박또박 말했다.

"음? 우리 아이들 옷을 만들고 있는데…?"

"그건 오늘 내가 사온 옷감이에요!"

"아… 몰랐네~

그냥 주인 없는 옷감인 것 같기에 가져와서 쓰고 있었는데….
미안하게 됐네요.

우리 아이들이 옷이 작아져서 안 그래도
만들어줘야지 했는데,
마침 예쁜 천이 눈앞에 있기에~

근데,

뭐 옷감 하나 쓴 거 가지고 그러나?

우리 가문의 대를 이을 아이들 옷 좀 지어주겠다는데,

기분 나쁘면 아들을 낳던가."

"꼭 그 옷감을 썼어야 합니까?"

"뭐…?"

한나의 예상치 못한 반응에 브닌나가 놀라 되물었다.

"꼭, 그 옷감을 썼어야 했냐고 물었습니다.
내가 사온 거란 걸 알고 있지 않았습니까?
그건 모레 있을 혼인잔치에 엘가나가 입고 가야 할
새 옷을 만드는 데 사용하려고 사온 것입니다.

**한 집안의 아내로서 가장인 엘가나를
존귀하게 여기는 것이 얼마나 중요한 것인지
브닌나 당신도 알고 있을 거라 믿어요.**

*고심 끝에 고른 옷감으로
정성스레 옷을 짓는 것이
바로 그 일입니다."*

브닌나는 한나가 자신의 괴롭힘에 맞서 이야기한 것이
처음이라,
놀라움에 혼비백산할 지경이었다.

**"오늘 본을 떠놓아야
내일 저녁에 완성할 수 있으니
얼른 시장에 가서 똑같은 옷감을 사와주길 바라요."**

브닌나는 한참을 멍하니 있다가 대답했다.

"…알겠어
…요….."

한나의 똑 부러지는 말에 도저히 반박할 수가 없었다.
이게 어찌된 영문인가 하는 표정이었다.

시장에 가서 새 천을 사가지고 오는 순간까지도
브닌나의 표정은 여전히 멍했다.

"고마워요, 브닌나."

입가에 보일 듯 말 듯한 미소를 살짝 띠며
옷감을 받아 든 한나는, 은혜와 장막으로 들어갔다.

"은혜야, 옷 만드는 것 좀 도와주겠니?
생각보다 시간이 늦어져 촉박하구나."

"그럼요!"

은혜는 일 초의 망설임도 없이 대답했다.

옷감을 자르며 은혜가 한나에게 물었다.

"한나 주인님, 근데 실로에서는
왜 그렇게… 우신 거예요…?"

"하하, 그게 궁금했구나.

그때…?

그러게….

기도하다 보니…

처음에는 괴로움과 슬픔에 엉엉 울며 기도했어.
거의 원망에 가까웠지….

나에게 왜 이런 시련을 주시냐고,
하나님마저 나를 저주받았다고 하시면 나는 어디로 가야 하는 거냐고….

웃기지….

평생을 하나님만 바라보며 살아왔는데

내 상황이 이렇게 나빠지니까
나의 상황만 보이고…

나의 시각,
나의 기준으로

문제를 바라보게 되더라.

문제 뒤에 계신 하나님은 보이지 않았어.

내가 나의 문제로 힘들어하고 아파하는 동안
하나님은 그 뒤에서 더 아파하고 계셨겠지?

그런 것도 모르고 그렇게 원망하며 기도하는데,
갑자기 어디서 온 것인지 알 수 없는
엄청난 슬픔과 아픔이 찾아왔어.

가슴이 찢어질 것같이 너무 아팠어….

근데 그 순간 마음속에 드는 생각이…

이 아픔이…

나를 보시며,
이스라엘을 보시며,

아파하시는 하나님의 마음이라는 것이었어.

그리고 그 사실을 알았을 땐

마음이 너무 아파 견딜 수가 없었어….”

81

"아… 그래서 그때…
기도하다 많이 힘들어하셨던 거군요…."

은혜가 눈물을 글썽이며 안타깝다는 표정으로 말했다.

"응…. 그 후로 눈물이 멈추지 않더라.

내가 지난날 동안 정말 중요한 것을 잊고 살았던 거야.

하나님께서 나의 삶을 계획하셨고,
언제나 나의 기도를 듣고 계신다는 것을 잊고 있었어.

너무나 사랑하는 딸인 내가 힘들어하고
무너지는 모습도 보고 계셨겠지…."

상한 갈대를 꺾지 아니하며
꺼져가는 등불을 끄지 아니하고…

사 42:3

"나는 약함을 경멸하지 않는단다.
그 약함이 오히려 나를 네 가까이로 더욱 이끌지.

네가 걸어온 길이 얼마나 어려웠는지 다 안단다.

인생길을 쉽게 뛰어가는 것처럼 보이는
다른 사람들과 너 자신을 비교하지 마라.

그들의 여정은 네가 가는 길과 달라.

너에게는 약함을 선물해서
**너의 영혼이 나의 임재와 함께 꽃피울 수 있는
기회를 제공했지.**

이 선물은 신성한 보물로,
가냘프지만 찬란한 빛으로 불타오르는 선물이다.

**약한 모습을 위장하거나 부정하려고 하지 말고
그 약함을 통해
내가 너에게 풍성한 복을 줄 수 있게 해주렴."**

"너무 죄송한 마음이 들었어.

그러면서도 그때 생각만 하면 가슴이 벅차올라…

지금은 그냥 하나님께서 나를 사랑하신다는 것에,
나와 함께하신다는 사실만으로도
기쁨이 넘치는 것 같아.

비록 나의 상황은 변한 것이 없지만,

이 세상을 만드시고 나를 만드신
하나님의 사랑 안에 내가 있다는 것이
얼마나 감사한 일인지 몰라.

다시 생각하니 감격의 눈물이 또 차오르는 것 같아…."

"그러셨던 거군요….

실로에서 정말…

좋은

경

험

：

"

비긴 어게인

이게 어찌된 일이지….

기나긴 꿈을 꾼 것 같다.

**아니,
꿈이라 하기에는 너무 생생했다.**

한참을 정신 못 차리고 멍하니 벽만 바라보다가
무언가에 홀린 듯이 컴퓨터를 켰다.
부팅되길 기다리는 몇 분이 몇 년처럼 길게만 느껴졌다.

바탕화면이 뜨자마자 인터넷을 켜 한나의 이름을 검색했다.

한나	▼	검색

חַנָּה 한나 ('은혜'라는 뜻)
에브라임 산지 라마다임소빔에 살았던 레위 사람 엘가나의 두 아내 중 한 사람.
사무엘의 어머니(삼상 1–2장…
…

내가 사무엘상에 나오는 한나를 만나고 온 것일까?

문득 책꽂이 한 구석, 무심하게 꽂혀 있는 성경책이 보였다.

뽀얗게 쌓인 먼지를 툭툭 털어내어 사무엘상을 찾아
1장을 펴서 차근차근 읽어내려갔다.

내가 꿈속에서 함께했던 인물들이 차례대로 등장하고 있었다.

에브라임 산지 라마다임소빔에 에브라임 사람 엘가나라
하는 사람이 있었으니
그는 여로함의 아들이요 엘리후의 손자요
도후의 증손이요 숩의 현손이더라
삼상 1:1

"맞아, 엘가나 주인님.
엘가나는 한나와 브닌나를 아내로 두었지.
잠이 아직 덜 깬 건지…"

황당함에 피식 웃고는 계속해서 사무엘상을 읽어 내려갔다.

브닌나의 괴롭힘,

실로에 제사를 드리러 갔던 일,

한나가 기도하는 동안 제사장 엘리가 와서
포도주를 끊으라 했던 일까지….

모두 내가 있던 그 현장들이었다.

'어떻게 이런 일이 있을 수 있지?

나는 한 번도 사무엘상을 제대로 읽어보거나
'한나'라는 인물에 대해 자세히 들어본 적이 없는데….'

신기한 마음으로 계속해서 성경을 읽어나갔다.

한나가 임신하고 때가 이르매 아들을 낳아
사무엘이라 이름하였으니…
삼상 1:20

'어…!!!!

그럼, 실로에 다녀온 후에 한나가 임신을 한거야?!
말도 안 돼….

그래 맞아…! 한나가 해주는 이야기를 듣다가
잠에서 깬 것 같아.

한나의 기도….

나의 기도와는 확실히 달랐어.

사실 나는 기도할 엄두조차 내지 못했는데
한나는 불임이라는 큰 고통 속에서도 기도로 나아갔을 때,
하나님 안에서 평안을 찾았어….

나도… 한나처럼 중요한 것을 잊고 살았던 건 아닐까…?'

"하나님께서 나의 삶을 계획하셨고,
언제나 나의 기도를 듣고 계시다는 것을 잊고 있었어."

지난날 내 삶의 모습들이 주마등처럼 눈앞을 스쳐 지나갔다.

무기력하고 의미 없이 살아가고 있던 나.

사람들 눈치 보기에 바쁘고
자존감은 바닥을 치다 못해 사라져버린

찌질한 최은혜.

어릴 때부터 찬양팀도 하고 헌금위원도 하며
교회에 열심히 다녔지만,
고등학교를 졸업한 뒤
나름 뜨거웠던 신앙은 점점 식어만 갔다.

대학생 때는 그래도 힘들면 다시금 하나님을 찾곤 했었지만….

직장인이 되고난 후부터는

교회에 가는 것이 귀찮은 일과가 되어버렸다.

하나님의 마음을 알기는커녕

하나님의 울타리에서 벗어나

내 마음대로, 내가 가고 싶은 대로 걸어왔던 건 아닐까?

나도 모르게 눈에 눈물이 고였다.
하나님 안이 아닌,
세상 속에서 방황하며
이십대를 보내버린 나의 모습을 발견했다.

계속 이런 모습으로 살고 싶지 않았다.

건조했던 나의 삶을 변화시켜줄 무엇인가가 필요했다.

꿈에서 한나가 의지했던 그 하나님을 붙잡아야 할 것 같았다.

"…하나님."

익숙하면서도 낯선 이름을 입 밖으로 꺼냈다.

"하나님."

한 번 더 그 이름을 불렀다.

지금껏 느껴보지 못했던 절박함이 마음속에서부터 끓어올랐다.
뜨거운 눈물이 두 볼을 타고 흘러내렸다.

"하나님,
하나님을 외면했던 지난 시간…

저의 무기력하고 열정 없는 삶을 보며
하나님께서도 마음 아파하셨겠죠….

그땐 정말 몰랐어요.

그냥 하루하루를 버티고자 했던 것 같아요.
이런 일상이 싫어 나름 기도를 해보려 했지만

허공에 외치는 것만 같았고

하나님은 보이지 않았어요. ”

어느새 눈물이 두 볼을 흐르다 못해 손등 위로 뚝뚝 떨어졌다.

그 순간 하나님의 마음이 느껴졌다.
러 나의 연약함마저 이해하신다는 하나님의 마음…

가장 친한 친구에게도 이해받지 못한 공허함을
하나님은 잘 알고 계셨다.

최은혜의 있는 모습 그대로 사랑해주시는
하나님을 알아봐주길 기다려오셨던 것이다.

"은혜야, 내가 너의 아픔을 안다.

너를 이렇게 사랑하는데.
짝사랑이 얼마나 가슴 아픈지… 은혜야 너는 모르지.

기약 없는 사랑처럼 보일지라도,

나는 너를 기다리고 있었단다.

네가 느끼든 느끼지 못하든 극진한 사랑으로
내 곁을 절대 떠나지 않았단다.

은혜야,
네가 나의 모든 것이다."

긍휼이 풍성하신 하나님이 우리를 사랑하신 그 큰 사랑을 인하여
허물로 죽은 우리를 그리스도와 함께 살리셨고
(너희는 은혜로 구원을 받은 것이라)
...
너희는 그 은혜에 의하여 믿음으로 말미암아 구원을 받았으니
이것은 너희에게서 난 것이 아니요 하나님의 선물이라

엡 2:4-8

하염없이 흐르는 눈물을 도저히 멈출 수 없었다.

"하나님, 이제 알았어요.

제가 세상에서 깨질 때에도,

하루 하루가 힘겨울 때에도,

공허한 마음을 채우지 못했을 때에도

하나님은 저와 함께 계셨다는 것을….

제가 힘들어하는 것보다 더 힘들어하시고

더 마음 아파하셨다는 것을….

하나님… 미안해요….

너무 죄송해요….

하나님의 마음을 알지 못해

너무 너무…

죄송해요…."

불임으로 고통 받아 아파했던 한나를 사랑하셨던 하나님이,
삶의 여러 가지 문제를 안고 고통스러워하는
나 역시 사랑한다고 하셨다.

세상 끝날까지 사랑하겠다고 약속하셨다.

꿈속에서 본 불임의 한나에게도,
21세기를 살아가고 있는 나, 최은혜에게도

하나님의 사랑은 동일했다.

예수께서 자기가 세상을 떠나
아버지께로 돌아가실 때가 이른 줄 아시고
세상에 있는 자기 사람들을 사랑하시되
끝까지 사랑하시니라
요 13:1

주말이 지나고,
다람쥐가 쳇바퀴 돌 듯 여전히 같은 일상의 반복이다.

하지만 나는 이제 다르다.

여느 때와 같이 북적이는 출근길.
사람들은 제 갈 길을 가기에 바빠 보인다.

회사를 향해 걸어가는 회사원이
내 옆으로 바쁘게 지나갔다.

곧이어 머리를 말리지 못한 여고생이
교복 넥타이를 매며 허둥지둥 달려갔다.

다들 열심히 사는 것 같다.

그리고 앞으로의 나도.

이제 진짜
하나님과 함께하는
최은혜의 삶의 시작이다!

고통 중에 기도했더니

○

하 나 님 과
마 음 이
통 했 다

1

PART

—

한나가 마음이 괴로워서 여호와께 기도하고 통
곡하며 서원하여 이르되 만군의 여호와여 만일 주
의 여종의 고통을 돌보시고 나를 기억하사 주
의 여종을 잊지 아니하시고 주의 여종에게 아들
을 주시면 내가 그의 평생에 그를 여호와께 드
리고 삭도를 그의 머리에 대지 아니하겠나이다

—

삼상 1:10,11

chapter 1

하나님께 쏟아놓으라

최근에 모 업체에서 '마음의 온도'라는 흥미로운 제목의 설문조사를 했다. 세대별로 200명씩 총 1천 명을 대상으로 조사한 결과에 따르면 우리나라 사람들의 평균 마음의 온도는 영하 14도였다. 한겨울 온도다. 취업이 불확실하다는 대학교 4학년들의 마음의 온도는 무려 영하 24.2도로 가장 낮게 나왔다. 이 결과를 보고 마음이 아팠다.

내가 학교 다니던 때는 고등학교 시절 동안 대학 입시로 인한 스트레스를 많이 받았지만, 일단 대학에 들어가고 나면 낭만을 즐기며 즐겁게 보냈던 것 같다. 그런데 요즘에는 입시로 고생하는 고등학생들의 마음이 영하 16.6도인데 비해, 대학교 4학년들이 영하

24.2도라고 하니, 이것이 무얼 의미하겠는가? 그만큼 취업이 안 되는 문제 때문에 젊은이들의 마음고생이 크다는 것이다.

그렇다면 직장을 얻은 사람들은 마음의 온도가 조금 올라갔을까? 설문조사 결과에 의하면 2030 직장인들의 마음의 온도는 영하 13.8도이다. 이전 그룹들과 비교할 때 온도가 많이 올라가긴 했지만 여전히 영하권이다. 그리고 기성세대라 할 수 있는 오십 대 직장인들의 마음의 온도는 영하 13.5도이다. 취업이 안 되어도 영하이고 취업이 되어도 영하라니, 모두가 참 힘들게 살고 있단 생각이 들었다.

이런 항목들도 마음이 아팠지만 그중에서도 제일 마음이 아팠던 것은, '앞으로는 어떻게 될 것 같은가'라는 질문에 대해 무려 79.1퍼센트가 '앞으로 마음의 온도는 더 낮아질 것이다'라고 대답했다는 것이다. '이 고비를 잘 넘기면 봄이 온다'라든가 '겨울을 잘 이겨내면 꽃 피는 시절이 온다'라는 희망을 가지고 살아도 겨울을 나기가 힘든 법인데, 앞으로는 더 추워질 것이라고 생각하며 산다는 것은 얼마나 마음 아픈 일인가. 그만큼 마음의 낙심과 절망이 많은 시대인 것 같다.

절망에 익숙해지다

이 설문조사 결과를 보면서 《익숙한 절망 불편한 희망》이라는 제목의 책이 불쑥 떠올랐다. 이 책은 영국의 경제잡지인 〈이코노미스트〉의 서울 특파원으로 생활했던 다니엘 튜더라는 분이 쓴 책이다.

저자가 한국에서 생활하면서 보니, 한국 사회와 한국 사람들이 엄청난 피로감과 무기력감에 사로잡혀 있는 것이 눈에 보이더란다. 그래서 나름대로 그 원인이 무엇인가를 고민하고, 이 책에 그 내용을 풀어놓았다. 책의 내용도 그렇지만 제목부터가 불편하고 가슴 아프게 다가왔다.

이 책을 소개한 글에 이런 내용이 있었다.

절망도 익숙해지면 몸의 일부가 된다. 기다려도 오지 않는 희망은 불편하다. '희망고문'을 당하느니 차라리 편안한 절망을 택하는 편이 나을지도 모른다. 그러나 다니엘 튜더는 이렇게 말한다.
"기다려도 오지 않는 희망이라면, 기다리기만 하지 말고 우리가 직접 오게 할 수 있지 않을까요?"

한국의 어두운 현실을 지적하는 책에서 외국인 저자가 해주는 이 한 마디의 충고가 우리 모두에게 해당된다는 생각이 들었다. 저자의 말처럼 기다려도 오지 않는 희망이라면 기다리기만 할 게 아니라 우리가 직접 오게 할 수 있지 않겠는가?

이 책에서 살펴보려고 하는 사무엘상은 우리가 사는 오늘날처럼 어둡고 죄악이 관영한 시대를 배경으로 하고 있다. 게다가 여기 등장하는 '한나'라는 여인은 다니엘 튜더가 우리에게 하는 충고를 완벽하게 구현해낸 인물이라고 할 수 있다.

한나는 아기가 생기지 않아서 많은 고통을 겪었던 여인이다. 한나는 영하 14도 정도가 아니라, 숫자로 환산할 수 없을 정도로 깊은 고통 속에서 살고 있었다. 사무엘상 1장은 한나의 고통에 대해 여러 번 반복하여 피력한다.

> 그에게 두 아내가 있었으니 한 사람의 이름은 한나요 한 사람의 이름은 브닌나라 브닌나에게는 자식이 있고 한나에게는 자식이 없었더라 삼상 1:2

여기 보면 그냥 '한나에게는 자식이 없었더라'라고 하지 않고 그 앞에 '브닌나에게는 자식이 있었다'라는 대조적인 설명을 붙여놓았다. 또 다른 구절들을 보자.

> 여호와께서 그에게 임신하지 못하게 하시므로 그의 적수인 브닌나가 그를 심히 격분하게 하여 괴롭게 하더라 매년 한나가 여호와의 집에 올라갈 때마다 남편이 그같이 하매 브닌나가 그를 격분시키므로 그가 울고 먹지 아니하니 삼상 1:6,7

한나가 대답하여 이르되 내 주여 그렇지 아니하니이다 나는 마음이 슬픈 여
자라 … 삼상 1:15

그야말로 한나는 '익숙한 절망, 불편한 희망'의 상황에 대입할 수
있는 인물이다. 우리는 여기서 한나의 모습을 잘 살펴봐야 한다.
한나의 모습을 통해 어떻게 하면 우리가 수동적으로 당하지 않고
현실의 어려움과 장애물을 뛰어넘을 수 있는지 발견할 수 있을 것
이다.

간절함을 품으라

먼저 한나에게는 자기가 경험하고 있는 문제 해결에 대한 간절함
이 있었다. 한나는 어떻게 해서든 그 문제에서 벗어나고자 하는 간
절한 마음을 가지고 체념하지 않았다. 더 중요한 것은 그 간절함을
가지고 '기도'라는 도구로 하나님 앞에 나아가는 모습을 보여주고
있다는 것이다.

한나가 마음이 괴로워서 여호와께 기도하고 통곡하며 서원하여 이르되 만
군의 여호와여 만일 주의 여종의 고통을 돌보시고 나를 기억하사 주의 여종
을 잊지 아니하시고 주의 여종에게 아들을 주시면 내가 그의 평생에 그를
여호와께 드리고 삭도를 그의 머리에 대지 아니하겠나이다 삼상 1:10,11

여기서 "기도하고 통곡하며"라는 말은 절망을 보여주는 것이 아니다. 이것은 삶의 어떤 경우에라도 포기하지 않고 끈질기게 하나님의 은혜를 구하며 어려움을 뚫고 가겠다는 의지가 담겨 있는 표현이다.

최근에 랜디 포시 교수가 쓴 《마지막 강의》라는 책을 읽어보았다. 그는 미국의 카네기멜론대학에서 컴퓨터공학을 가르치던 교수였는데, 갑자기 이 사람의 인생에 절망이 찾아왔다. 췌장암 말기라는 진단을 받게 된 것이다.

병을 고쳐보려고 애썼지만, 결국 시한부 선고를 받고 교단을 떠나게 되었다. 그런데 그 과정에서 아내와 작은 실랑이가 벌어졌다. 남편인 랜디 포시 교수는 교단을 떠나면서 후학들을 대상으로 마지막으로 강의를 꼭 하고 싶다고 했고, 아내는 몇 달 남지 않은 시간을 강의 준비로 보낼 것이 아니라 가족들, 특히 세 아이들과 함께 보내야 한다고 생각했다. 그때 큰 아이가 고작 다섯 살이었기 때문이다. 그러다 결국 남편이 마지막 강의를 하는 것으로 결정을 지었다.

그래서 하게 된 마지막 강의는 너무나 감동적이었다. 학생들은 물론이고 유튜브를 통해 전 세계 수많은 사람들이 그 강의를 보고 감동을 받았다. 그리고 책으로도 엮여 나온 것이다. 그 책에서 많은 사람에게 회자되는 감동적인 한 구절이 있다.

장벽에는 다 이유가 있다. 장벽은 우리가 무엇을 얼마나 절실하게 원하는지 깨달을 수 있도록 기회를 제공한다.

장벽은 가로막기 위함이 아니라 우리가 그것을 얼마나 간절하게 원하는지를 증명할 기회를 주기 위해 있다는 것이다. 이 사람의 마음의 태도가 정말 감동이 되었다. 그리고 최근에 어떤 칼럼에서 이 책의 내용을 요약해놓은 것이 있어 그것도 찾아 읽어보았다.

췌장암으로 투병 중이던 바싹 마른 몸으로 학생들 앞에서 유쾌함을 잃지 않았던 그 인상적인 강의에서 그는 자신의 꿈을 이루는 것에 대해 말했다. 자신이 이루고 싶었던 꿈들이 무엇이었는지, 그 꿈을 이룰 때 어떤 장애물이 있었는지. 그리고 그가 그 장애물들을 어떻게 넘었는지. 꿈을 좇다 보면 누구라도 어떤 시점에서 벽을 만나게 되는데, 그 벽은 충분히 자격이 있지 않은 사람을 걸러내기 위해 존재하는 게 아니라 네가 그것을 얼마나 간절히 원하느냐를 확인하기 위해 있는 것이라는 게 강의의 요지 중 하나였다.

대부분의 사람들은 꿈을 좇다가도 장애물을 만나면 쉽사리 포기해버린다.
"에이, 모르겠다. 안 된대."

그런데 시한부 인생을 선고받은 랜디 포시 교수는 꿈을 가지고 달려가다가 장애물을 만난다면, 그 장애물은 자기를 방해하기 위함이 아니라 그것을 뛰어넘을 수 있는 절실함이 있는지를 확인하기 위한 것이라고 말했다.

내 인생을 되돌아보니, 랜디 포시 교수의 말이 옳았다. 문제는 장애물이 아니라 그 장애물을 바라보는 우리의 태도에 있다. 그 장애물을 뛰어넘고자 하는 절실함이 우리에게 없다는 데서 문제가 생기는 것이다.

한나는 아기가 생기지 않는 문제 때문에 조롱과 수모를 당하고, 살고 싶지 않을 만큼 깊은 절망에 빠져 있었다. 하지만 그 상황 속에서도 안간힘을 다해 그 깊은 절망을 뛰어넘고자 하는 열망이 그녀에게 있었다. 이런 측면에서 볼 때 한나에게 있어서 장애물은 방해물이 아니라 자녀를 향한 그녀의 열망을 증명하는 기회가 되었다고 할 수 있다.

절박함을 가지고 하나님 앞으로

그러나 이것이 다가 아니었다. 한나는 사람을 찾아 문제를 해결하기 위해 동분서주 했던 것이 아니라, 그 문제를 가지고 창조주 되시는 하나님 앞으로 절박하게 나아갔다.

"한나가 마음이 괴로워서 여호와께…"(삼상 1:10).

이 모습이 왜 중요한가? 8절을 보면 한나를 위하는 남편 엘가나의 모습이 그려지고 있는데, 여기 나오는 남편의 모습이 많은 생각을 하게 한다.

그의 남편 엘가나가 그에게 이르되 한나여 어찌하여 울며 어찌하여 먹지 아니하며 어찌하여 그대의 마음이 슬프냐 내가 그대에게 열 아들보다 낫지 아니하냐 하니라 삼상 1:8

세상에 이런 고마운 남편이 어디에 있겠는가? 어떤 남편이 이렇게 이야기하겠는가? 그런데 불행이 무엇인가? 한나가 이렇게 고마운 남편을 만났지만 그가 보여주는 따뜻한 사랑이 그녀의 근본 문제를 해결하는 데는 전혀 도움이 되지 않았다는 것이다. 이것이 인생이다.

나는 랜디 포시 교수의 책을 읽다가 가슴 아픈 대목을 만났다.

나는 의사들에게 그들이 어떤 수술 무기를 들이댄다 해도 기꺼이 견딜 것이며 약품 선반의 어떤 약을 주더라도 다 삼켜버릴 의향이 있다고 말했다. 왜냐하면 나에게는 목표가 있기 때문이다. 나는 아내 재이와 아이들을 위해 할 수 있는 한 오래 살고 싶었다.

시한부 선고를 받은 인생의 절박함이 느껴지지 않는가? 의사가 무슨 약을 주든지, 어떤 어려운 수술을 받자고 하든지 기꺼이 다 감수하겠다는 자세다. 그는 오래 살고 싶어 했다. 큰 아이가 다섯 살에 불과했기 때문이다.

불행한 것은 이런 절박함을 가지고 적극적으로 달려갔음에도 불구하고 그 교수는 결국 죽을 수밖에 없었다는 것이다. 이런 한계를 지닌 것이 인생이다. 그렇기 때문에 고통의 문제를 가지고 인간을 찾아가 해결하려는 것은 허무한 노력이다. 한나처럼 하나님 앞에 나아가 기도하고 통곡해야 한다.

하나님이여 주는 나의 하나님이시라 내가 간절히 주를 찾되 물이 없어 마르고 황폐한 땅에서 내 영혼이 주를 갈망하며 내 육체가 주를 앙모하나이다
시 63:1

오늘 우리가 가지고 있는 대부분의 신앙생활의 문제는 이런 절박함이 없다는 것이다. 하나님이 아니면 죽을 것 같은 마음으로 나아가야 한다. 하나님이 도와주시지 않으면 내 인생은 끝이라고, 인생의 장벽을 뛰어넘을 수 없다는 마음으로 나아가야 한다. 물이 없어 갈한 그 마음으로 주님 앞에 달려 나가야 한다.

나는 우리 모두가 이러한 절박함을 가지고 하나님 앞에 나아가

는 법을 배울 수 있기를 바란다.

하나님과 마음을 나누라

또한 한나는 절망적인 자신의 문제를 하나님과 심정을 나누는 도구로 승화시키고 있다. 우리는 한나에게서 이 자세를 배워야 한다. 한나는 지금 자신이 드리고 있는 기도에 어떤 의미를 부여하고 있는가?

> 한나가 대답하여 이르되 내 주여 그렇지 아니하니이다 나는 마음이 슬픈 여자라 포도주나 독주를 마신 것이 아니요 여호와 앞에 내 심정을 통한 것뿐이오니 삼상 1:15

바로 앞의 14절에 보면, 고통이 너무나 가득 차 말조차 나오지 않는 상황에서 기도하고 있는 한나에게 영적인 지도자라는 엘리 제사장이 "아침부터 술 마셨느냐"라고 말하는 장면이 나온다. 엘리는 한나의 상하고 찢겨진 마음을 알지 못한 것이다.

한 젊은 부부를 만난 적이 있다. 그 부부는 여러 가지 어려움으로 별거를 하는 상황이었지만 어떻게든 가정을 회복하고 싶은 마음에 기도 부탁을 하러 나를 찾아왔다. 이야기를 들어보니 그들은 서로에 대해 너무 모르고 있었다. 그 때문에 마음이 상해 별거까지 하게 된 것이다.

사실 부부 문제를 살펴보면 남편이나 아내가 큰 잘못을 해서 마음이 상하는 것보다 내 심정을 알아주지 않아서 마음이 상할 때가 더 많다. 그 부부도 마찬가지였다. 서로가 악한 마음이 있어서 그런 것이 아니라 서로의 심정을 몰라서 그런 것이다. 이런 이야기를 들려주며 서로의 마음을 돌아볼 수 있도록 조언하고 기도를 해주었다.

우리는 지금 불통의 시대를 살고 있다. 부부 간에, 부모와 자녀 간에 심정이 통하지 않는 시대이다. 한나는 자기가 드리는 기도의 의미를 '여호와 앞에 심정을 통하는 것'이라고 했다. 원어로 보면 '여호와 앞에 자신의 상하고 아픈 마음을 쏟아놓는 것'을 뜻한다. 한나는 기도를 자신의 상한 마음을 받아주시고 이해해주시는 하나님 앞에 토해내는 것이라고 정의하고 있었다. "내가 이렇게 잘해주는데 뭐가 그리 힘드냐"고 하는 남편이나 주변 사람들은 알아주지 않는 상한 마음을 가지고 하나님께 나아가는 것이다.

하나님께서는 그런 그녀의 기도에 응답해 태를 열어주셨다. 이에 대해 성경은 "여호와께서 그를 생각하신지라"라고 기록했다. '소통'을 말한다.

그들이 아침에 일찍이 일어나 여호와 앞에 경배하고 돌아가 라마의 자기 집

에 이르니라 엘가나가 그의 아내 한나와 동침하매 여호와께서 그를 생각하

신지라 삼상 1:19

이 구절을 보면 한나가 난임에 대한 기도 응답을 받은 사건에 하나님이 한나의 심정을 헤아려주신 것이라는 의미를 부여하고 있다. 왜냐하면 한나가 그렇게 접근했기 때문이다. 한나는 기도를 하나님께 심정을 토하는 것으로 접근했다. 떡 하나 얻어내고자 하는 행위가 아니라 자신의 마음을 알아주지 않는 시대 앞에서 '하나님은 내 마음을 아실 것'이란 심정으로 나아간 것이다.

그런데 중요한 것은 거기서 끝나지 않고 한 걸음 더 나아갔다는 데 있다. 한나는 기도를 하나님 앞에 자신의 심정을 토해놓는 것인 동시에, 그 시대를 향한 하나님의 마음을 헤아려 이해하고 수용하는 태도라고 보았다.

한나의 기도를 살펴보자.

한나가 마음이 괴로워서 여호와께 기도하고 통곡하며 서원하여 이르되 만군의 여호와여 만일 주의 여종의 고통을 돌보시고 나를 기억하사 주의 여종을 잊지 아니하시고 주의 여종에게 아들을 주시면… 삼상 1:10,11

여기까지는 하나님께서 들어주셨으면 하는 사항이다. 한마디로

아들을 주셨으면 한다는 것이다. 그런데 한나의 기도는 여기서 끝나지 않았다.

> 내가 그의 평생에 그를 여호와께 드리고 삭도를 그의 머리에 대지 아니하겠나이다 삼상 1:11

하나님께서 내게 '주시면' 나는 '드리겠다'는 것이다. 우리말로 보면 완전히 정반대의 뜻을 가진 말이다. 하지만 놀랍게도 원어로 보면 '나탄'이라는 동일한 단어를 쓰고 있다. 이것이 무엇을 의미하는가? 한나가 가지고 있던 믿음의 핵심이 무엇인가?

신앙생활이란 피조물인 내가 겪고 있는 아픔과 고통, 심지어 남편조차 알지 못하는 은밀한 내 마음의 깊은 상함을 하나님이 아시는 것이다. 그리고 또 나는 이 시대를 향한 하나님의 아픔과 하나님의 상한 마음을 헤아려드리는 것이다. 이것이 한나가 가지고 있던 신앙생활의 개념이었다.

그런데 우리는 어떤가? 우리의 신앙생활을 돌아보면, 뭔가 하나 빠져 있는 것 같지 않은가?

하나님 마음 헤아리기

한나가 살던 시대는 말로 다 설명할 수 없는 도덕적, 영적 타락이 극치를 달릴 때였다. 얼마나 타락한 시대였는지 예를 들어보자. 사사기 19장에 보면 예배를 수종하던 지파인 레위 사람이 첩을 두고 있다. 이런 일이 놀랍지 않은 시대였다.

게다가 그 첩이 친정으로 도망갔는데, 레위 사람이 그 첩을 찾아 데리고 돌아오는 도중에 첩이 성폭행을 당하고 죽임 당하는 사건이 일어난다. 그것을 보고 격분한 레위 사람은 첩의 사체를 열두 토막 내서 각 지파에 보냈고, 이 일이 촉발이 되어 이스라엘에 엄청난 내전이 일어나게 되었다.

타락이 오래 지속되었던 그 시대에는 가치관이 이미 다 썩어 문드러져 있었고, 레위 사람이 첩을 두어도 별로 이상하지 않았다.

다시 본문인 사무엘상 1장을 보자. 1,2절에도 이 시대의 타락상을 엿볼 수 있는 내용이 담겨 있다.

에브라임 산지 라마다임소빔에 에브라임 사람 엘가나라 하는 사람이 있었으니 그는 여로함의 아들이요 엘리후의 손자요 도후의 증손이요 숩의 현손이더라 그에게 두 아내가 있었으니 한 사람의 이름은 한나요 한 사람의 이름은 브닌나라 브닌나에게는 자식이 있고 한나에게는 자식이 없었더라

삼상 1:1,2

1절에 보면 한나의 남편 엘가나가 등장한다. 그러면서 그가 얼

마나 대단한 신앙 명문가의 자제인지, 얼마나 뿌리 깊은 믿음을 가지고 있는 자인지를 상세히 묘사한다. 그런데 그 묘사가 끝나자마자 그에게 두 아내가 있었다고 밝힌다. 그리고 2절에서는 두 아내의 이름을 밝히는데, 한나의 이름을 먼저 소개하더니 이어서는 브닌나에게는 자식이 있었다면서 브닌나를 먼저 언급하고 한나를 나중에 언급한다.

이것이 무엇을 뜻하는가? 그토록 훌륭한 신앙 명문가의 사람이었던 엘가나 역시 두 명의 아내를 두는 게 지극히 자연스러웠을뿐더러 사람을 대할 때 한 인격으로, 하나님의 형상을 닮은 존재로 그 소중함을 보는 게 아니라 그저 각자의 기준으로 우선순위와 가치를 바꿨다는 것이다. 한나의 시대는 이처럼 가치관이 뒤틀린 혼미한 시대였다. 왜 이렇게 되었을까?

그때에 이스라엘에 왕이 없으므로 사람이 각기 자기의 소견에 옳은 대로 행하였더라 삿 21:25

이 시대의 타락상을 단적으로 보여주는 말씀이다. 이 표현이 중요한 까닭이 있다. 다음 말씀을 보자.

여호와께서 사무엘에게 이르시되 백성이 네게 한 말을 다 들으라 이는 그

들이 너를 버림이 아니요 나를 버려 자기들의 왕이 되지 못하게 함이니라

삼상 8:7

여기에 하나님의 마음이 녹아 있다. 하나님은 그들의 왕이 되기를 원하신다. 하나님은 그들을 통치하기 원하신다. 하나님은 그들을 다스리기 원하신다. 그래서 그들이 혼미함이나 갈등 없이 기쁨 가운데 안정된 삶을 살기 원하신다. 그런데 그 백성들이 마음에서 하나님을 버렸다.

이런 시대가 한나가 몸담고 있는 시대의 배경이었다. 한나는 영적으로 말할 수 없이 타락한 시대를 살아가고 있었지만, 그 절망적인 시대를 바라보시는 하나님 아버지의 마음을 헤아려드릴 줄 알았다. 그리고 하나님은 그런 한나의 고통과 결핍을 이해하시고 그녀의 눈물을 닦아주셨다.

신앙의 공감능력

우리에게는 아픈 가슴을 가지고 타락하고 변질된 이 시대를 바라보시는 하나님의 마음을 헤아릴 능력이 없다. 하나님이 무슨 생각을 하고 계시는지, 어떤 고통을 가지고 계시는지에 대해서는 전혀 관심이 없다. 쓸데없이 내 인생에 개입하지 마시고 그저 내가 원하는 소원을 이루어주시기만을 바란다. 알라딘의 마술 램프에 들어

있는 지니처럼 말이다.

나는 사무엘상 말씀을 보면서 마음에 아픔을 느꼈다. 왜냐하면 바로 내가 그렇게 살고 있었다는 걸 발견했기 때문이다. 그동안 나는 어떻게 해서든 도덕적으로 죄 짓지 않고, 수치의 자리에 빠지지 않으려고 애쓰고 몸부림치는 것을 귀하게 생각해왔다. 첩 안 두고, 성적으로 죄 안 짓고, 돈과 권력을 탐하다 도리어 초라해지지 않으려고 말이다.

이런 애씀 자체를 나쁘다고 말하기는 어렵다. 그러나 이 모든 몸부림과 애씀의 주체가 바로 나 자신이었다는 것은 문제가 있다. 내가 창피당하지 않고, 끝까지 좋은 목사라는 소리를 듣고자 했던 것이다. 그것은 좋은 신앙인의 모습이 아니다. 크리스천의 모든 애씀의 출발은 철저하게 하나님의 마음을 헤아리는 것에서부터 시작되어야 한다.

이걸 깨닫고 나자 내게 하나님의 애통하심이 들리기 시작했다. 사실 신앙생활에서 가장 중요한 핵심은 하나님의 마음에 대한 공감능력이다. 그 하나님의 마음을 헤아리는 것에서부터 시작된 '공감능력'이 하나님의 자녀들인 성도들의 마음을 헤아리는 쪽으로 흘러가야 한다.

내가 우리 교회 부교역자들에게 앵무새처럼 반복해서 하는 말이 있다. 심방을 가되, 그 성도의 아픔과 상황을 모르고 가면 아무 소용없다는 것이다. 병문안을 가면서 그 병실에 누워 있는 환자의 눈물을 보지 못하고 기계적으로 다녀오는 심방은 안 한 것과 똑같다는 것이 나의 주장이다.

한나를 대하는 엘리 제사장을 생각해보자. 한나는 지금 자기에게 주어진 현실이 너무나 고통스러워 하나님께 눈물로 나아가 기도하고 있는데, 그 마음을 헤아리지 못하는 엘리 제사장은 한나가 술취한 것으로 치부해버린다. 이런 엘리에 대해 어떻게 생각하는가?

한 교회를 담임하는 입장에서, 무기력한 엘리의 모습이 혹시 나의 모습은 아닌지 되돌아본다. 고통스런 현실로 좌절하는 성도들의 눈물을 그런 식으로 치부해버린 적은 없는가?

그렇다면 이런 질문을 던질 수 있다.

'어쩌다 엘리 제사장은 이렇게 둔감해졌을까?'

대답은 간단하다. 하나님과의 소통이 막혔기 때문이다.

오늘날 교회에서 목사님에게 상처 받았다는 성도들이 왜 이렇게 많아졌을까? 그런가 하면 성도들에게 상처 받았다는 목사님이나 사모님들은 왜 또 이렇게 많아졌을까? 한 이불 덮고 사는 부부 사이는 어떤가? 배 아파 낳은 자식과는 왜 이렇게 대화가 안 되는가? 왜 이렇게 불통이 되었을까? 이 모든 불통은 하나님과의 소통이 막혀버린 것에 그 원인이 있다.

이해할 수 없는 사랑

타락한 이 시대를 향한 하나님의 마음을 헤아리지 못하는 한국 교회의 둔감함과, 그로 인해 교회 안에서 발생되는 수많은 아픔들에 대해 생각을 많이 하던 즈음, 하루는 산책을 하면서 어느 목사님의 설교 한 편을 듣고 있었다. 그 설교를 듣다가 목사님이 청년 시절에 겪었다는 이야기 하나를 듣고서 마음이 무너져버렸다.

그 목사님이 청년이었던 시절, 청년부 담당 목사님 집에 놀러가서는 그 집에 있던 앨범을 구경했다고 한다. 그런데 앨범 첫 장을 넘기자 거기에 눈물범벅이 된 편지 하나가 있었다.

"목사님, 이 편지는 뭐예요?"

그랬더니 청년부 목사님의 눈에 눈물이 고이기 시작했다고 한다. 사연을 들어보니, 그 목사님 댁에는 7년 동안 아기가 없었다고 한다. 아기를 간절히 원하는데도 생기지 않더니 7년 만에 임신이 되었다. 너무나 기뻐했는데, 문제가 생겼다. 산모에게 병이 생긴 것이다. 통증이 느껴져 병원에 갔더니 바로 큰 수술을 해야 한다고 했다. 그런데 수술을 하려면 전신마취를 해야 하기 때문에 아기를 지워야 한다는 것이다.

의사는 "아기는 또 가지면 되지 않겠습니까? 산모가 살아야지요"라고 했지만, 목사님 부부는 도저히 아기를 지울 수가 없었다. 비록 아직 배 속에 있지만 아기에게 찬양을 불러주고 기도해주고 심지어 아기의 이름까지 벌써 정해놓고 인격적인 교제를 나누고 있었는데, 어떻게 아기를 죽이겠느냐고 말이다. 다른 병원에 갔지만 그 의사도 같은 이야기를 할 뿐이었다.

결국 이 목사님 부부는 말도 안 되는 일에 도전하기로 했다. 친구 의사를 찾아가 자초지종을 이야기하고, 어떤 일이 있어도 아기를 포기할 수 없으니, 마취하지 말고 수술을 해달라고 한 것이다. 친구 의사는 말도 안 되는 이야기 말라고, 불가능한 일이라고 거절했다.

그러나 그 부부는 끝까지 설득하여 그 말도 안 되는 일을 시도했다. 수술대 위에 산모의 사지를 묶고 고통으로 이를 악물다 이가 상하는 일이 없도록 입에 약솜을 잔뜩 집어넣고는 마취를 하지 않고 수술을 시작한 것이다. 짐작건대 최소한의 부분 마취만 하고서 수술을 감행한 것 같다. 그러니 산모가 겪었어야 할 두려움과 고통이 얼마나 컸겠는가? 산모가 비명을 지르다가 기절하고, 고통이 너무 크니까 깨어났다가 또 비명을 지르다가 기절하고 하는 일이 반복되었다.

목사님은 수술실 밖에서 피눈물을 흘렸다. 그렇게 살려낸 아기가 바로 그 편지의 주인공이었다. 그 아기의 이름이 영빈이었다. 편지의 내용은 이랬다.

사랑하는 영빈아, 네가 이 땅에 태어나기 위해서 너의 엄마가 얼마나 큰 고통을 겪었는지 아느냐? 잠깐 이 땅에 있어야 할 생명을 위해 너의 엄마는 지옥보다 더 큰 고통을 겪었다.

그런데 영빈아, 너에게 영원한 생명을 주시기 위해서 생명의 근원이신 그분이 십자가에서 너를 위해 피 흘리고 고통당하고 죽음을 맛보셨다는 사실을 잊지 말거라.

그 목사님 부부는 자녀를 향한 지극한 사랑으로 인간으로서는 상상할 수 없는 어마어마한 희생과 고통을 치렀다. 그 고통은 그저 고통으로 끝난 것이 아니라 독생자 예수 그리스도를 이 땅에 보내신 하나님의 심정과 통하는 귀중한 도구가 되었다. 그 편지는 이렇게 끝을 맺고 있었다.

영빈아, 네 남은 인생을 살아가는 동안 너를 위해서 무엇이든지 희생할 수 있는 네 어머니와 예수님의 사랑이 있다는 것을 잊지 말고, 예수님의 영광을 위해서 그 사랑에 보답하는 삶을 살거라.

옛 기억을 더듬으며 눈물로 말씀하시는 목사님의 설교를 들으면서, 하나님의 심정을 헤아리지 못하는 무딘 한국 교회가 회복될 대안이 여기에 있음을 느꼈다. 죄로 인해 타락한 우리를 위하여 독생자 예수 그리스도를 보내주신 하나님의 사랑, 이 하나님의 사랑에 대한 감격을 회복하는 것이 급선무이다. 우리 내면에서 우리를 위해 십자가를 지신 예수 그리스도에 대한 감격을 회복하는 그때, 하나님과의 소통이 시작될 줄 믿는다.

한나가 기도하여 이르되 내 마음이 여호와로 말미

암아 즐거워하며 내 뿔이 여호와로 말미암아 높아

졌으며 내 입이 내 원수들을 향하여 크게 열렸으니

이는 내가 주의 구원으로 말미암아 기뻐함이니이다

삼상 2:1

chapter 2

다시는 근심 빛이 없었다

자녀가 없어 고통당하던 한나는 "여호와께 기도하고 통곡하며"(삼상 1:10) 그 결과로 "임신하고 때가 이르매"(삼상 1:20) 아들을 낳는 은혜를 누렸다. 한나가 경험한 이 감격스러운 기도 응답의 은혜가 이 글을 읽는 독자들에게도 일어나게 되기를 간절히 기도한다.

그런데 이 기도 응답의 축복을 누리기 위해서 기억해야 할 한 가지가 있다. 그것은 어려움 가운데서 한나가 보여주었던 신앙적 모범을 본받는 것이다. 한나가 보여준 모범이 무엇인가?

한나는 고통스러운 현실을 하나님께로 가져갔다. 괴로울 때 한나가 하나님께 나아가 기도하고 통곡했던 것처럼 우리도 어려움이 찾아올 때야말로 하나님께 나아가 기도할 때임을 자각해야 한다. 이것이 한나에게 배워야 할 소중한 태도이다.

우리는 눈에 보이지 않는 세계는 볼 수 없는 우둔한 인생이다. 그러다보니 문제와 어려움을 만나면 자꾸 눈에 보이는 사람을 찾아간다. 물론 사람도 하나님이 쓰시는 도구 중 하나이다. 하지만 한나처럼 마음이 괴롭고 어려운 일이 있을 때 그 문제를 하나님께 가지고 나아가 기도하고 통곡하는 통로로 사용하는 훈련이 필요하다. 이것이 우리가 취해야 할 삶의 태도이다. 이 글을 읽는 독자들역시 한나의 이런 귀한 모습을 본받아서 20절에서 한나가 누린 기도 응답의 기쁨을 누리게 되기 바란다.

우리는 이런 문제, 저런 결핍이 시시때때로 찾아오는 나그네 인생길에서 마음이 괴로워 여호와께 기도하고 통곡한다. 그때 "여호와께서 그를 생각하신지라"(19절)라는 말씀처럼 "네 마음 다 안다. 네어려움 다 안다" 하시는 하나님과 마음이 통하는 은혜를 누리게 되기 바란다. 뿐만 아니라 한나가 임신하여 아들을 낳는 응답의 기쁨을 누린 것처럼 그 문제가 실제로 해결함 받는 은혜가 우리 삶 속에풍성히 있기를 정말 간절하게 바란다.

여기서 한 가지 짚고 넘어가야 할 것이 있다. 한나가 '임신'이란응답의 기쁨을 누리기 이전에 먼저 누린 기쁨의 열매들이 있었다는것이다. 물론 불임의 고통을 가지고 하나님께 나아가 기도했던 한나이기에 임신이란 응답을 받은 것이 가장 큰 기쁨이었을 것이다.

그러나 그 기도 응답이 있기 전에 한나는 기도하는 사람만이 누릴 수 있는 보다 근원적인 두 가지 감정의 은혜를 누렸다. 하나는 '임신'이란 응답 전에, 또 하나는 응답 후에 있었다.

다시는 근심하지 않았다

첫째로, 한나가 기도 응답을 경험하기 이전부터 누린 복된 감정은 바로 '평안'이다. 이는 기도하는 사람만이 누릴 수 있는 것이다.

> 이르되 당신의 여종이 당신께 은혜 입기를 원하나이다 하고 가서 먹고 얼굴에 다시는 근심 빛이 없더라 삼상 1:18

이 말씀은 한나가 임신의 기쁨을 누리기 전의 일이다. 한나 입장에서는 도대체 자기에게 임신이 언제 일어날 일인지, 가능하긴 한 건지 아무것도 예측할 수 없는 때였다. 자기에게 주어진 상황과 환경은 전혀 바뀌지 않고, 브닌나라는 얄미운 여자는 여전히 간족거리며 괴롭히던 상황이었다. 그럼에도 한나의 얼굴에 다시는 근심 빛이 없었다.

얼마 전에 교역자를 통해 한 성도의 소식을 듣게 되었다. 오랫동안 자녀의 깊은 병을 두고 기도해오던 한 성도가 설교를 듣는 중에 하나님의 심정이 그 마음에 전해지는 은혜를 경험했다고 한다. 그러고 나자 상황은 하나도 달라진 것이 없는데 자기 마음은 기쁨과 평안으로 충만해졌다면서 그 은혜를 나눈 것이다. 이 소식을 듣고 내 마음도 얼마나 기쁘고 감사했는지 모른다.

나는 우리 모두가 '기도했고 응답받았더라, 기도했는데 응답 못 받았더라'라는 두 가지밖에 모르는 단세포적인 생각에서 벗어나게 되기를 바란다. 그래서 우리가 기도의 문을 열고 주님 앞에 나아갈 때 전혀 예상하지 못했던 은혜, 바로 기도 응답의 여부와 관계없이 "얼굴에 다시는 근심 빛이 없더라"라는 평안을 맛보게 되기 바란다. 20절의 응답의 기쁨을 누리기 이전에 18절의 이 은혜를 먼저 누리게 되기 바란다.

즉시 이르시되 안심하라!

나는 종종 마태복음 14장에 기록된 한 장면을 떠올리곤 한다. 예수님은 기도하시러 제자들을 떠나 따로 산에 가 계셨고, 제자들끼리 배를 타고 건너가고 있던 중에 난감한 일을 만났다. 예상하지 못한 풍랑이 제자들을 덮친 것이다. 제자들은 밤 사경까지, 우리 시간으로 치면 새벽 3시에서 6시 무렵까지 죽을 고생을 하고 있었다. 이렇게도 해보고, 저렇게도 해보고, 할 수 있는 건 다 해봤지만 풍랑을 잠재울 수 없는 절망적인 상황이 계속 이어졌다.

그렇게 고통 속에 절망과 싸우고 있을 때 예수님이 오셨다. 그때

주님이 오셔서 가장 먼저 하신 말씀이 무엇인가?

예수께서 즉시 이르시되 안심하라 나니 두려워하지 말라 마 14:27

내가 여기서 발견한 것은, 주님은 풍랑이라는 문제를 해결해주시기 전에 먼저 고통당하던 제자들을 위로해주셨다는 사실이다. 예수님은 풍랑으로 고통하는 제자들에게 "안심하라. 두려워하지 말라"라는 위로의 말씀을 주시고, 그 다음에 풍랑을 잠잠하게 하시는 능력을 베풀어주셨다.

이것이 무엇을 의미하는가? 제자들에게는 풍랑이라는 현실의 고통도 고통이었겠지만, 그 자리에 예수님이 함께 계시지 않는다는 것이 큰 두려움과 고통을 주었을 것이다. 예수님은 제자들의 상한 마음을 잘 알고 계셨다. 그래서 그 상한 마음을 먼저 위로하고 평안을 주기 원하셨던 것이다.

나는 종종 이 말씀을 묵상하면서 위로를 받는다. 이 은혜를 우리가 다 누렸으면 좋겠다. 풍랑을 잠잠케 하시는 주님의 역사를 경험하기 전에 풍랑 가운데로 오셔서 즉시로 "나니 두려워하지 말라"라고 말씀하시며 제자들을 안돈시켜주시는 주님의 그 평안을 먼저 맛보게 되기를 바란다. 한나가 지금 이것을 맛보고 있는 것이다.

빌립보서 4장에 이런 말씀이 있다.

아무것도 염려하지 말고 다만 모든 일에 기도와 간구로, 너희 구할 것을 감사함으로 하나님께 아뢰라 빌 4:6

이것은 원인이다. 그 결과가 무엇인가?

그리하면 모든 지각에 뛰어난 하나님의 평강이 그리스도 예수 안에서 너희 마음과 생각을 지키시리라 빌 4:7

지금 이 순간, 나의 환경은 여전히 요동치고 있고 내면세계에는 격랑이 일고 있다. 하지만 그 가운데서 하나님께 기도와 간구로 아뢸 때 마음 한편에 "나니 안심하라! 평안하라"라고 말씀하시는 예수님의 평안이 우리 내면에 물밀듯 밀려오는 기적을 맛보는 은혜가 있기를 바란다.

기쁨이 충만해지다

그런가 하면 두 번째로, 한나가 기도 응답을 받은 후에 누렸던 감정은 '기쁨'이다.

한나가 기도하여 이르되 내 마음이 여호와로 말미암아 즐거워하며 내 뿔이 여호와로 말미암아 높아졌으며 내 입이 내 원수들을 향하여 크게 열렸으니

이는 내가 주의 구원으로 말미암아 기뻐함이니이다 삼상 2:1

예수님은 요한복음 16장에서 한나가 누린 것과 같은 종류의 기쁨을 이렇게 설명하신다.

지금까지는 너희가 내 이름으로 아무것도 구하지 아니하였으나 구하라 그리하면 받으리니 너희 기쁨이 충만하리라 요 16:24

주님의 이 선포가 우리 가정에, 우리 삶에 100퍼센트 구현되는 은혜가 있기를 바란다.

나는 하나님이 나에게 가장 원하시는 사명이 분당우리교회를 세계적인 교회로 만드는 것이 아니라 주 안에서 내가 기뻐하는 것이라고 생각한다. 설교를 준비하면서도 몸은 힘들지만 단 한 번도 '왜 내가 이 고생을 사서 해야 하는가?' 하는 불평을 가져본 적이 없다. 정말 기쁘다. 감사하다.

"너희 기쁨이 충만하리라."

예수님이 말씀하신 대로 그분이 주시는 기쁨이 내 안에 충만하기 때문이다.

주로 인한 기쁨

그런데 여기서 우리가 알아야 할 중요한 것이 하나 있다. 지금 한나가 누리는 기쁨은, 그토록 원하던 임신을 했기 때문에 누리는 기쁨만이 아니다. 당연히 임신으로 인한 기쁨이 내포되어 있겠지만, 사무엘상 2장 1절을 다시 한 번 자세히 보라.

여기엔 단 한 줄도, 단 한 자도 아들을 얻게 된 것으로 인하여 기뻐한다는 말이 없다. 한나가 지금 삼중으로 거듭 표현하는 기쁨은 하나님이 원하던 아들을 주셨기 때문에 누리는 기쁨이 아니다. "여호와로 말미암아, 여호와로 말미암아, 주의 구원으로 말미암아" 기뻐하는 것이다. 우리가 날마다 영적으로 성숙해져서 이 경지까지 가야 하지 않겠는가?

우리는 본질을 놓치기 쉽다. 얼마 전에 새생명전도축제를 앞두고 우리 교회 부목사님 중 한 분이 전도에 대한 특강을 했다. 설교를 들으며 우리 교회 부목사님이어서가 아니라 '정말 말씀 좋다, 훌륭하다' 하면서 은혜를 많이 받았다. 그런데 문제는 그 특강이 끝나자 내 머릿속에는 전도에 대한 주옥같은 말씀은 안 남고 강의 중에 예화로 든 다이어트에 대한 궁금증만 잔뜩 남았다는 것이다. 다이어트를 해서 10킬로그램을 뺐다는데 '구체적으로 어떻게 살을 뺀 건지 꼭 물어봐야지' 하는 생각이 내 머릿속에 가득했다.

사실 다이어트 이야기는 전도에 대한 메시지를 꾸며주는 일종의 액세서리와 같은 것인데, 내 머릿속에는 그것이 더 크게 남은 것이다. 이렇게 본질보다 주변을 맴도는 것이 인간이 가진 한계이다. 이런 어리석음은 우리 삶에서 종종 나타난다.

그러므로 우리는 한나에게 배워야 한다. 우리도 한나처럼 하나님께서 주신 기도 응답 때문에 기뻐하는 것보다 우리의 기도를 들어주시는 하나님의 존재 그 자체로 말미암아 기뻐할 줄 아는 성숙한 태도를 가져야 한다. 우리가 이 기쁨을 누리지 못하기 때문에 우리의 기쁨은 늘 얕은 기쁨이다.

하나님에 대한 오해가 풀리다

그럼 조금 더 깊이 들어가, 한나는 어떻게 여호와로 말미암아 그 기쁨을 누리게 되었는지 생각해보자. 한나가 가지고 있던 괴로움을 정리해보면 그 이유를 세 가지로 정리해볼 수 있다.

첫 번째는 아이를 원하는데 아이가 생기지 않는 데서 오는 괴로움이다. 한나의 두 번째 고통은 그것을 이용하여 자기를 괴롭히고 대적하는 브닌나 때문이었다. 인생을 살다 보면, 결핍으로 인한 고통보다 그것을 가지고 조롱하는 주변 사람들로 인해 더 고통스러운 경험을 하게 된다. 대인관계가 우리를 더 힘들게 한다.

그런데 이것들 외에 한나에게는 고통이 하나 더 있었다. 그것은 바로 하나님에 대한 오해에서 비롯된 고통이었다. 그 당시 사람들이 가지고 있던 잘못된 선입견 중 하나는, 여자가 임신을 못하는 것은 하나님의 저주에서 비롯된 것이라는 생각이었다. 이런 상황이다 보니 한나의 입장에서는 아이가 생기지 않는 것이나 브닌나가 괴롭히는 것과는 비교할 수 없을 정도로 큰 아픔과 고통이 '하나님께 버림받았다. 하나님은 내 기도를 듣지 않으신다'라는 생각에서 비롯된 것이었다.

이런 상황이었기 때문에 한나는 자기가 드린 기도에 대해 '내가 여호와 앞에 내 심정을 통한 것'이란 의미를 부여한다. 여기에는 '하나님과 심정을 통하고 싶다'는 한나의 심정이 녹아 있다. 한나는 하나님의 기도 응답을 통해 임신의 기쁨을 누리게 된 것도 기쁘지만, 그보다 그 응답을 통해 '지금까지 내가 하나님에 대해 오해하고 있었구나! 주변 사람들의 수군거림에 내가 속고 있었구나. 하나님은 나를 버리지 않으셨다'라는 사실을 깨닫게 된 것이 더욱 기뻤다.

하나님의 인도하심을 굳게 믿음으로

우리도 하나님을 오해해서 생긴 내면의 근심과 걱정, 불안, 우리의 평안을 잠식하는 것들이 다 사라지는 복을 누리게 되기를 바란다. 확신컨대 우리가 겪고 있는 근심의 90퍼센트 이상은 사탄에게 속아서 생기는 근심이다.

나의 큰딸이 지금 삼수를 하고 있다. 딸이 고등학교 3학년 때,

나는 딸아이가 목표한 모 대학에 꼭 들어가리라고 확신했었다. 왜냐하면 딸아이의 모의고사 성적이 늘 자기가 원하는 대학에 들어갈 만 했고, 지도해주시는 선생님들도 틀림없다고 얘기했었다. 그런데 기대와는 달리 딸아이는 수능 시험을 망쳤다. 그날, 딸아이는 집에 와서 밤 11시까지 울었다.

나는 그렇게 구슬픈 여인의 울음소리를 이전에도 들어본 적이 없고 이후에도 들어본 적이 없다. 평소에는 밤 10시 이전에 잠자리에 들던 나였지만, 그날은 딸이 울음을 멈출 때까지 기다렸다. 드디어 아이의 울음소리가 잦아들자 나는 세 아이를 다 불렀다. 그리고 큰 딸에게 이렇게 이야기했다.

"아빠는 열아홉 살인 네가 오늘 흘린 절망의 눈물이 너의 스물아홉 살, 서른아홉 살 때 흘리게 될 눈물을 막아주는 보약이라고 생각한다. 오늘의 이 눈물을 절대 잊지 말기를 바란다. 왜 이런 일이 일어나게 되었는지 깊이 돌아보면 좋겠구나."

그리고 재수에 돌입했다. 아빠로부터 소중한 교훈(?)을 받은 덕분인지 딸아이는 감사하면서 재수생활을 했다.

그리고 다시 일 년이 흘렀다. 그런데 두 번째 수능 시험도 망쳤다. 첫 해에는 완전히 망쳤고, 둘째 해에는 그냥 망쳤다. 그래서 목표했던 대학은 아니지만 그래도 한 대학교에 합격했고, 등록을 했다. 그런데 딸아이가 도저히 포기가 안 됐나보다.

"아빠, 한 번만 더 도전할 기회를 주시면 안 돼요?"

아이의 간곡한 부탁에 나는 그러면 합격한 대학이 있으니, 그 학교를 휴학하고 한 번 더 도전해보고 안 되면 다시 복학하라고 권했다. 그런데 이 아이가 그 길로 가서 입학 등록을 취소하고 등록금을 찾아왔다. 그렇게 스스로 배수의 진을 치고 삼수에 들어갔다.

두 번의 실패를 경험했기 때문에 세 번째에 어떤 결과가 나올지 나는 아직 모르겠다. 재수할 때도 모의고사 성적이 한 번도 목표한 점수에 미달한 적이 없었다. 그런데 하나님은 왜 이 아이를 두 번씩이나 실패와 고통의 자리로 몰고 가시는 것일까?

그 답이야 내가 정확하게 알 수 없지만, 그러나 정직하게 고백하건대, 나는 지금까지 이 문제로 하나님을 원망해본 적이 없다. 원망하지 않는 정도가 아니라 한 번도 내 딸을 향한 하나님의 인도하심을 의심하지 않았다.

나는 지금 우리 딸이 사무엘상 1장 18절에 와 있다고 생각한다. 아직 20절은 모른다. 그러나 확신하는 것은 이 일이 하나님이 나와 우리 딸아이를 벌주시거나 내치시기 위함이 아니라 준비시키고 훈련시키기 위함이라는 것이다.

"하나님이 임신을 막으심으로"라는 말씀에서 알 수 있듯이, 하나님께서는 의도적으로 한나의 임신을 막으셨다. 한나도 주변의 수군거리는 사람들의 생각처럼 하나님의 저주라고 생각했다. 그러나 하나님의 세계에서는 다른 계획이 실행되고 있었다. 한나의 고통을 통해 한나가 영적으로 무르익도록 만드시고, 사무엘과 같은 위대한 인물을 준비시키신 것이다.

나는 확신한다. 입시로 인해 어린 딸이 겪고 있는 이 힘든 시간이 훗날 딸아이의 인생을 훨씬 더 풍성하고 깊이 있게 만들어주리라는 것을 말이다. 그리고 그 배후에는 딸을 세심하게 배려하며 이끌고 계시는 하나님이 계심을 믿는다. 우리에게 이 확신이 필요하다.

목회를 하다 보니 자연스럽게 성도 분들을 많이 만나게 된다. 그러다 보면 한나처럼 어려움과 아픔을 많이 겪고, 문제를 가지고 오랫동안 하나님께 나아가 씨름하고 기도하신 분들에게 영적인 내공이 쌓여 있음을 보게 된다. 마치 조개가 모래 한 알을 품고 고통하고 괴로워하는 가운데 진액이 나와 진주를 품게 되는 것처럼 말이다. 신앙도 이와 마찬가지인 것 같다. 많은 연단과 아픔을 겪으면서 버티고 하나님께 기도로 나아간 분들에게는 놀라운 내공이 쌓이게 된다.

비록, 나는!

비록 무화과나무가 무성하지 못하며 포도나무에 열매가 없으며 감람나무에 소출이 없으며 밭에 먹을 것이 없으며 우리에 양이 없으며 외양간에 소가 없을지라도 나는 여호와로 말미암아 즐거워하며 나의 구원의 하나님으로 말미암아 기뻐하리로다 합 3:17,18

여기서 핵심이 되는 단어는 17절의 '비록'이다. 이것은 '무화과나무가 무성하지 못하며'에서부터 시작되는 결핍을 의미한다. 또한 18절에 나오는 '나는'이라는 단어이다. '나는' 여호와로 인하여 즐거워한다는 내용이다. 신앙인의 삶이란 이처럼 '비록'과 '나는'의 결합이다.

무화과나무와 포도나무에 열매가 주렁주렁 달리고, 밭에 소출이 많고, 우리에 양이 넘치고, 외양간에 소가 넘쳐서 즐거워하고 기뻐하는 것은 세상 사람들도 다 하는 것이다. 한나가 누린 기쁨은 자기에게 없던 것을 얻게 된 결과물로 인한 기쁨이 아니었다. 한나는 끝내 기도 응답을 못 받는다 할지라도, 끝내 아기를 주시지 않는다 해도 '비록', '나는'이라고 고백했다. 이것은 많은 고통과 연단을 통해 하나님과 씨름한 기도의 사람들이 누릴 수 있는 열매이다. 나는 이것이 우리 모두의 것이 되기를 갈망한다.

어려움이 찾아올 때, 자녀들이 속을 썩일 때도 이 이야기를 적용해보라. 예를 들어 남편이 속을 긁어놓고 출근하면, 그 남편의 등을 보면서 '비록', '나는'이라고 하면 많은 것이 해결될 것이다.

"'비록' 자상한 남편을 만나지 못했다 할지라도 '나는' 여호와로 인해 기뻐하리라."

우리의 영적 수준이 이런 고백을 하는 데까지 이르게 되기를 주님의 이름으로 간절히 축원한다. 이 일을 가능케 하시는 분은 성령님이시다. 그 성령님이 우리 마음 가운데 임하시는 것을 다시 한 번 더 확증하는 은혜가 있기를 바란다.

—

여호와께서 그에게 임신하지 못하게 하시므로 그

의 적수인 브닌나가 그를 심히 격분하게 하여 괴롭

게 하더라 매년 한나가 여호와의 집에 올라갈 때

마다 남편이 그같이 하매 브닌나가 그를 격분시키

므로 그가 울고 먹지 아니하니 그의 남편 엘가나

가 그에게 이르되 한나여 어찌하여 울며 어찌하여

먹지 아니하며 어찌하여 그대의 마음이 슬프냐 내

가 그대에게 열 아들보다 낫지 아니하냐 하니라

—

삼상 1:6-8

chapter **3**

미움이 긍휼이 되다

프랑스 철학자인 사르트르가 〈닫힌 방〉이라는 희곡에서 이런 표현
을 사용했다.

"타인이 곧 지옥이다."

나는 이 희곡을 읽지 않았기 때문에 이 같은 표현이 어떤 배경에
서 사용되었는지 정확하게 알지 못하지만, 어떤 의미로 이런 표현이
쓰였는지는 느낄 수 있었다. 그런데 한나와 브닌나의 관계를 묵상
하다가 불쑥 이 문장이 떠올랐다.

사실 한나의 입장에서는 아이를 가질 수 없다는 불임이란 상황보
다 그로 인한 주변 사람들의 괴롭힘이 더 고통스러웠을 것이다. 이
런 관점에서 사무엘상 1장을 읽어 보면, 한나 입장에서는 모든 사람

들이 다 자기를 괴롭히는 사람들이었음을 알 수 있다. 심지어 그녀
를 사랑하는 남편조차도 말이다.

괴로움뿐인 한나의 인간관계

한나의 연적이었던 브닌나는 대놓고 한나를 괴롭혔다. 한나가
겪고 있는 불임의 고통을 가지고 집요하게 괴롭혔다.

> 여호와께서 그에게 임신하지 못하게 하시므로 그의 적수인 브닌나가 그를 심
> 히 격분하게 하여 괴롭게 하더라 매년 한나가 여호와의 집에 올라갈 때마다
> 남편이 그같이 하매 브닌나가 그를 격분시키므로 그가 울고 먹지 아니하니
> 삼상 1:6,7

남편 엘가나는 어떤가? "한나여… 어찌하여 그대의 마음이 슬프
냐 내가 그대에게 열 아들보다 낫지 아니하냐"라는 달콤한 말을
하고 있지만, 사실 한나가 겪고 있는 모든 고통의 근원을 제공한
사람이 바로 엘가나이다.

> 그에게 두 아내가 있었으니 삼상 1:2

한나의 고통은 바로 여기에서부터 비롯되었다. 겉으로는 남편 엘

가나가 한나에게 굉장히 잘해주는 것 같고 위해주는 것 같지만 깊이 파고 들어가 보면 한나가 겪고 있는 고통의 원인은 그 남편 엘가나가 만든 것이다. 이것이 인간관계가 가진 한계이며 아이러니이다. 그러고 보면 내게 상처 주는 사람들은 항상 내 가까이에 있는 경우가 많다.

앞에서도 살펴본 것처럼 엘리 제사장 역시 죽을 것 같은 고통 속에서 하나님 앞에 나아가 숨죽이고 기도하고 있는 한나에게 기껏 한다는 말이 "왜 술에 취해 있느냐?"라는 질책이었다. 한나를 영적으로 돌보고 이끌어야 할 제사장이 말이다.

내 마음 속 두 마리의 개

이런 말이 있다. 사람은 누구나 다 예외 없이 두 마리의 개를 키우고 있다고. 그 두 마리 개는 선입견과 편견이다. 곱씹어볼수록 의미가 있는 말이다.

나는 어릴 때부터 꼭 한번 개를 키워보고 싶었다. 그런데 어릴 때는 어머니가 반대해서 못 키웠고, 지금은 아내가 반대해서 못 키운다. 그래서 개를 키우는 게 소원이라고 생각했는데, 알고 봤더니 이미 내 마음에서 두 마리나 키우고 있었다.

이 사실을 깨닫고 나자 내 안에서 탄식과 함께 회개가 터져 나왔다. 지금까지 목회하면서 나는 얼마나 많은 교역자들과 동역자들에게 이 두 마리의 개를 가지고 접근했을까? 이 두 마리의 개를 가지고 얼마나 많은 성도들을 오해했을까?

결국 우리를 고통으로 몰아넣고 상처를 주는 것은 선입견과 편견에 휩싸인 사람들의 시선일 것이다. 그리고 그것은 거꾸로 내 안에 자리 잡은 두 마리의 개가 다른 사람들을 상처와 고통으로 밀어 넣을 수 있다는 말이다.

이제 우리는 다른 사람을 향하던 눈을 자신에게로 돌려 내 안에서 키우고 있는 두 마리의 개를 볼 수 있어야 한다. 그 사실을 모른다면 우리는 살면서 얼마나 많은 사람들을 지옥에 빠뜨릴지 모를 일이다.

특히 자녀를 대할 때 이 두 마리의 개가 더욱 크게 짖는 것 같다. 그저 믿어주고 내버려두면 아이들은 알아서 잘 자랄 수 있는데, 그걸 못 참고 부모라는 이름으로 편견과 선입견을 가지고 아이들을 괴롭히고 있는 건 아닌지 돌아보아야 한다.

지옥을 천국으로 변화시키는 복음

사무엘상 1장을 이런 관점으로 들여다보자. 한나의 주변이 온통 괴롭히는 사람들로 둘러싸여 있지 않은가? 여기에 한나의 관계적인 어려움이 피력되고 있다. 하지만 이런 문제가 비단 한나뿐이겠는가? 이 땅을 사는 모든 사람에게는 대인관계가 가장 어렵고 힘든 문제이다. 오죽 했으면 성경도 이렇게 말하겠는가?

할 수 있거든 너희로서는 모든 사람과 더불어 화목하라 롬 12:18

모든 사람과 더불어 화목하는 것이 얼마나 어려우면 그 앞에 '할 수 있거든'이라는 말이 붙었겠는가? 모든 사람과 화목하는 것은 우리 힘으로는 할 수 없다는 말이다. 그러니 철학자 사르트르가 말했던 "타인이 바로 지옥이다"라는 말이 와 닿는 것이다.

그러나 본문을 묵상하는 가운데 하나님이 주시는 감동이 있었다. 신앙생활을 제대로 하는 그리스도인들에게는 사르트르가 말한 "타인이 곧 지옥이다"라는 명제를 "타인이 곧 천국이 된다"라는 명제로 바꿀 수 있는 능력이 있다는 것이다. 이것이 신앙생활의 묘미이고 복음의 능력이다.

복음에 이런 능력이 있다. 우리 안에서 일하시는 예수 그리스도의 복음의 능력이 지옥과 같은 우리의 대인관계를 바꾸어놓는 능력임을 맛보게 되기를 바란다. 그렇다면 복음이 어떻게 대인관계를 회복시킬 수 있는가?

첫째로 복음은 상대방의 입장을 이해하는 능력을 준다. 사무엘상이 한나와 그녀의 아들 사무엘을 중심으로 쓰였기 때문에 우리가 갖고 있는 선입견이 있다. 그것이 무엇인가? 브닌나는 한나를 괴롭히는 나쁜 여자란 것이다.

그런데 우리 마음 속에서 키우고 있는 두 마리의 개를 내려놓고 브닌나를 보자면, 그녀 역시 불쌍한 여자이다. 한나만 불쌍한 게 아니다. 브닌나가 왜 그런 행동을 할 수밖에 없었는가?

엘가나가 제사를 드리는 날에는 제물의 분깃을 그의 아내 브닌나와 그의 모든 자녀에게 주고 한나에게는 갑절을 주니 이는 그를 사랑함이라 삼상 1:4,5

이 구절에서 어떤 것을 느낄 수 있는가? 엘가나가 브닌나에게는 그저 법도와 규칙에 따라 마땅히 주어야 할 분깃을 주고, 한나에게는 법도와 규칙을 뛰어넘어 사랑하는 마음으로 주었다는 것이다. 자식까지 낳아준 자신에게는 겉치레로만 대하고, 아이도 없는 한나에게는 갑절이나 주고 마음으로도 사랑해준다면 여자로서 브닌나의 심정이 어땠겠는가?

다음 구절도 보자.

그의 남편 엘가나가 그에게 이르되 한나여 어찌하여 울며 어찌하여 먹지 아니하며 어찌하여 그대의 마음이 슬프냐 내가 그대에게 열 아들보다 낫지 아니하냐 하니라 삼상 1:8

한나에게는 매우 감동적인 말이겠지만 브닌나의 입장에서 생각해보면 속 터지는 일이 아닐 수 없다. 두 마리의 개를 가지고 무조건 브닌나를 비난할 것이 아니라 복음의 눈으로 바라보라. 그러면 그녀가 '왜 그럴 수밖에 없었는가?' 하는 내면의 아픔을 볼 수 있을 것이다. 그러면 더 이상 브닌나가 못된 여자가 아니라 그녀 역시 아픔을 가진 불쌍한 인생이란 것을 알게 되면서 긍휼의 눈으로 바라보게 될 것이다. 복음이 이것을 가능하게 한다.

비난을 통변하자

나는 방언의 은사를 못 받았다. 그런데 내 아내는 언젠가 내가 인도하던 특별새벽부흥회에서 주체할 수 없는 뜨거움으로 성령님을 만나고 방언이 터졌다. 그날 아내는 정말 뜨겁게 기도했다고 한다. 그 이후로 아내는 심령이 갈급할 때마다 방언으로 기도한다. 그런데 정작 그 예배를 인도한 남편이자 목사인 나에게는 방언을 주시지 않았다.

남편인 목사와 그 아내가 나란히 앉아 함께 기도하는데, 남편은 한국말로 "주여, 주여" 하고 있을 때 그 아내는 성령 충만하여 방언으로 뜨겁게 기도하고 있는 모습을 한번 상상해보라. 사실 모양새가 좀 그렇지 않은가? 그래서 나도 열심히 방언의 은사를 구해보았다. 그런데 하나님께서는 지금까지 내게 방언의 은사를 주지 않으신다. 때로 이것이 아쉽고 서운할 때가 있다. 그러나 이런 나에게 하나님께서 특별한 은사를 하나 주셨다. 통변의 은사가 그것이다. 여기서 말하는 '통변의 은사'는 일반적으로 생각하는 그런 은사와는 좀 다르다. 설명하자면 이렇다.

목회를 하다 보면 내게 와서 시비를 걸거나 따지는 사람들을 만날 때가 있다. 설교 시간에 표현 하나를 잘못해도, 심지어는 광고 하나만 잘못해도 득달같이 찾아와서 시비를 걸어오는 분들이 있다.

개척 초기에는 논리로 단단히 무장하여 그런 분들의 코를 납작하게 만들어 돌려보내곤 했다. 그런데 통변의 은사를 받고서는 내 태도가 달라졌다. 누가 와서 뭐라고 해도, 말도 안 되는 시비를 걸고 논리에도 맞지 않는 말로 횡설수설해도 그 모든 말들이 내게는 이렇게 통변되어 들린다.

"목사님, 저도 사랑 받고 싶어요. 저도 관심 받고 싶어요!"

그러니 어떤 말로 시비를 걸어와도 상대방에 대한 긍휼함이 생긴다. 이 은사(?)를 받은 이후로는 마음으로 미워하는 사람이 거의 없어지는 기적을 맛보고 있다.

복음은 아이를 갖지 못해 절망한 한나에게 못되게 굴면서 괴롭히는, 어떻게 같은 여자로서 저럴 수 있나 싶은 브닌나 같은 여자를 향해서도 긍휼의 마음을 갖게 한다. 이것이 중요하다. 복음이 내 안에 들어와 제대로 작동하면 한나는 물론이고 그 이면의 마음이

읽혀지면서 브닌나조차도 긍휼의 눈으로 바라볼 수 있게 되는 것이다. 이 복음의 능력이 복잡하게 얽혀 있는 우리의 모든 대인관계에 영향력을 발휘하는 은혜가 우리 모두에게 있게 되길 바란다.

하나님을 개입시키는 능력

두 번째로 복음은 상대방과 나 사이에 하나님을 개입시키는 놀라운 일을 한다. 무슨 말인가? 본문을 보면 브닌나는 지금 한나만 상대한다.

> 여호와께서 그에게 임신하지 못하게 하시므로 그의 적수인 브닌나가 그를 심히 격분하게 하여 괴롭게 하더라 삼상 1:6

여기서 '격분'과 '괴롭게 하다'라는 두 단어는 원어로 보면 같은 단어이다. 그러니까 브닌나가 지금 한나의 마음을 격분시키는데, 한나가 격분되도록 격분시킨다는 것이다. 그렇다면 브닌나가 원하는 게 정확히 무엇인가?

'고상한 척하는 저 여자, 내 남편의 사랑을 다 빼앗아간 저 여자가 이성을 잃고 격분해서 날뛰는 꼴을 보고 싶다!'

이게 브닌나의 심리이다. 얼마나 인간의 본능을 잘 묘사해놓은 표현인가? 브닌나는 한나가 도도한 척하고 자기에겐 아무 문제없는 척한다고 생각해서 그녀를 무장해제 시키기 원했다.

그러나 브닌나의 이런 태도는 공정하지 못하다. 근본적인 원인을 제공한 것은 남편인데, 한나만 집요하게 물고 늘어지기 때문이다.

여기서 한나와 브닌나의 결정적인 차이가 발견된다. 지금 한나와 브닌나의 시선의 구도가 어떤가? 브닌나는 증오가 일렁이는 눈빛으로 한나에게 시선을 고정하는데, 한나는 똑같이 증오의 눈으로 브닌나를 향하는 게 아니라 하나님을 향하고 있다. 이것이 두 사람의 차이다.

한나가 마음이 괴로워서 여호와께 기도하고 통곡하며 삼상 1:10

한나의 기도에 브닌나는 언급되지 않는다. 이것이 한나의 기도가 더욱 귀한 이유이다.

"하나님, 저를 괴롭히는 브닌나를 혼내주세요! 저 대신 복수해주세요!"

한나의 기도에 이런 내용은 없다. 그저 하나님께 시선을 두며 자신의 연약함을 놓고 기도할 뿐이다. 이것이 무엇을 말하는가? 한나는 인생의 에너지를 쓸데없는 데 낭비하지 않았다. 그런데 거꾸로 브닌나는 인생의 에너지를 너무 엉뚱한 곳에 쏟고 있다.

나의 영적 에너지 절약

이런 예는 요셉에게서도 찾아볼 수 있다. 요셉은 어린 나이에 인신매매를 당해서 다른 나라에 팔려갔다. 그런데 어떻게 총리대신의 자리에까지 오르는 입지전적인 인물이 될 수 있었을까? 요셉은 자신의 에너지를 누구를 미워하는 데 낭비하지 않았다.

성경에는 요셉이 어릴 때 자기를 외국에 팔아버린 형제들에 대해 언급한 기록이 없다. 그리고 자신을 강간미수범으로 감옥에 집어넣은 여자에 대한 분노나 증오심도 보이지 않는다. 어떻게 이런 일이 가능했을까? 하나님의 사람, 하나님이 붙잡고 계시는 사람은 누군가를 미워하고 원망하는 것 같은 쓸데없는 데 에너지를 낭비하지 않도록 막아주시는 능력을 경험한다. 이것이 복음의 능력이기 때문이다.

대부분의 사람들 옆에는 자기를 이해해주고 좋아해주고 허물을 덮어주려는 약 95퍼센트의 고마운 사람들과 자기를 모함하고 밟으려고 하는 5퍼센트의 사람들이 있다고 한다. 정말 그런 것 같다. 그런데 우리의 치명적인 결함은 우리를 괴롭히는 5퍼센트의 사람에게 우리 생각의 95퍼센트가 집중되어 있다는 것이다. 그래서 우리가 불행한 것이다.

이 사실을 몰랐을 때는 나를 비난하고 모함하는 사람들에게 신경을 집중하느라 그런 사람들이 95퍼센트인 줄 알았다. 그러나 이

원리를 발견하고 나니 그것은 나의 과장이었음을 깨닫게 되었다. 내 주변에는 고마운 95퍼센트의 사람들, 아니 99.9퍼센트의 사람들이 있었다. 그러니 내 생각과 에너지를 나를 괴롭히는 0.1퍼센트의 사람들에게 머물게 할 필요가 전혀 없는 것이다.

이 같은 영적 깨달음의 은혜가 우리 모두에게 있기를 바란다. 복음이 우리 안에 깊이 들어가 우리 인생의 브닌나에게 집중하는 것이 아니라 하나님께 집중할 수 있게 되기를, 그래서 내 인생의 5퍼센트도 안 되는 브닌나에게 집중하느라 하루 종일 스스로를 괴롭히는 일이 없게 되기를 바란다.

싸움의 대상이 틀렸다

우리가 한나와 브닌나의 이야기를 개인의 역사로만 읽고 넘기면 이는 성경을 잘못 읽는 것이다. 사무엘상 1장은 한나라는 불임 여성과 그녀를 괴롭히는 또 다른 여성을 다룬 개인사의 이야기가 아니다. 사무엘상이 이 이야기로 시작하는 것은 이것이 바로 그 시대 상황의 축소판이었기 때문이다.

출애굽한 이스라엘 백성은 요단강을 건너 가나안으로 진입하면서 수많은 적들과 정복전쟁을 벌였다. 그때만 해도 이스라엘의 열두 지파는 서로를 돕고 섬기는 아름다운 관계를 유지했다. 그런데 그들이 타락하고 변질되면서, 즉 사사기 후반으로 가면서 그들의 관계는 엉망이 되어버렸다. 그 단적인 예가 앞에서 살펴본 레위사람의 첩이 살해당한 사건과 그로 인한 이스라엘의 내전이다. 이것이 한나가 살던 시대의 상황이었다.

그런데 사사기 초반과 후반의 상황 변화를 묘사하는 성경구절이 의미가 있다. 먼저 사사기 초반을 보자.

> 여호수아가 죽은 후에 이스라엘 자손이 여호와께 여쭈어 이르되 우리 가운데 누가 먼저 올라가서 가나안 족속과 싸우리이까 삿 1:1

이때만 해도 열두 지파가 똘똘 뭉쳐 단합되어 있어서 외부의 적인 가나안 족속을 향하여 열심히 영적 전쟁을 벌였다. 그런데 변질되고 타락한 그들이 어떤 결과를 가져왔는지 보자.

> 이스라엘 자손이 일어나 벧엘에 올라가서 하나님께 여쭈어 이르되 우리 중에 누가 먼저 올라가서 베냐민 자손과 싸우리이까 하니 여호와께서 말씀하시되 유다가 먼저 갈지니라 하시니라 삿 20:18

두 구절을 비교해보면 '우리 중에 누가 먼저 올라가서'라는 표현이 똑같이 들어 있음을 보게 된다. 그런데 상대가 다르다. 사사기 초반에는 싸워야 할 대상이 가나안 족속이었다. 그런데 지금은 자기들끼리 싸우고 있다.

"우리 중에 누가 먼저 올라가서 베냐민 자손과 싸우리이까?"

이것이 한나의 시대였다. 그런데 한나는 브닌나를 상대하지 않고 하나님을 상대하며 하나님께 기도했다. 하나님께 불쌍히 여겨 달라고 은혜를 구했다. 하나님은 이런 한나의 모습을 통해 그 시대가 어떻게 잘못되었고, 그 해결책은 무엇인지를 제시하기 원하신 것이다.

문제가 무엇인가? 모든 문제의 원인은 사사기 마지막 구절에 기록되어 있다.

> 그때에 이스라엘에 왕이 없으므로 사람이 각기 자기의 소견에 옳은 대로 행하였더라 삿 21:25

그들에게는 왕이 없었다. 그들이 가진 모든 문제의 원인은 하나님을 몰아내버린 데 있었다. 이스라엘은 자중지란에 빠져 있다. 대적을 몰아내야 하는데 자기들끼리 싸우고 있다.

오늘날 한국 교회의 모습도 이렇지 않은가? 우리가 싸워야 할 적은 골리앗인데, 다윗이 자기 큰 형 엘리압과 싸우고 있는 것과 같은 형국이다.

"누가 먼저 올라가서 베냐민 자손과 싸우리이까?"

이런 형국에 빠진 이유는 하나이다. 왕이 없어서이다. 그런 우리를 향해 하나님께서 한나를 통해 주신 해법이 무엇인가? 한나는 브닌나와 갈등 가운데 있을 때 브닌나처럼 상대방을 모함하거나 똑같이 갈등을 유발시키지 않았다. 한나는 그 문제를 가지고 하나님을 찾았다. 한나에게는 왕이 있었기 때문이다.

해법은 복음이다

우리의 복잡한 대인관계는 우리가 가진 성격이나 인품, 가정교육과 같은 것으로 푸는 것이 아니라 복음의 능력으로 푸는 것이다. 내 안에 왕 되신 그분이 좌정하셔서 다스리시도록 하는 것이다.

"그때에 이스라엘에 왕이 없으므로 사람이 각기 자기의 소견에 옳은 대로 행하였더라" 하는 부끄럽고 가슴 아픈 삶이 치유되어 하나님께서 우리의 왕으로 좌정하실 때 가장 먼저 나타나는 변화가 긍휼의 회복이라고 생각한다. 그것이 하나님의 성품이기 때문이다.

동이 서에서 먼 것같이 우리의 죄과를 우리에게서 멀리 옮기셨으며 아버지가 자식을 긍휼히 여김같이 여호와께서는 자기를 경외하는 자를 긍휼히 여기시나니 시 103:12,13

우리가 아직 죄인 되었을 때에 그리스도께서 우리를 위하여 죽으심으로 하

나님께서 우리에 대한 자기의 사랑을 확증하셨느니라 **롬 5:8**

우리가 죄로 말미암아 상상할 수 없이 부도덕하고 부끄러운 수치의 자리에 빠져 있을 때, 아비가 자식을 불쌍히 여김같이 하나님이 우리를 불쌍히 여기신 결과가 십자가이다.

하나님의 이 성품이 우리 안에 흘러넘치기를 바란다. 복음이 우리 안에서 다시 한 번 제대로 작동되기를 기도한다. 그럴 때 우리 안에서 나타나는 열매가 바로 이것이다.

> 그때에 너희는 그리스도 밖에 있었고 이스라엘 나라 밖의 사람이라 약속의 언약들에 대하여는 외인이요 세상에서 소망이 없고 하나님도 없는 자이더니 이제는 전에 멀리 있던 너희가 그리스도 예수 안에서 그리스도의 피로 가까워졌느니라 그는 우리의 화평이신지라 둘로 하나를 만드사 원수 된 것 곧 중간에 막힌 담을 자기 육체로 허시고 **엡 2:12-14**

복음이 관계를 회복시킨다. 복음이 긍휼함을 회복시킨다. 아이를 낳지 못해 힘들어하는 한나의 아픔이 보이고, 남편의 사랑을 받지 못해 우울한 브닌나가 불쌍히 여겨지는 긍휼의 회복이 우리에게 일어나야 한다.

남편이 혹은 아내가, 시어머니가 아니면 며느리가, 직장 상사가 아니면 후배가 울분을 표하며 대들고 따질 때 가만히 귀 기울여보자. 듣지 않으려 오랫동안 외면했기 때문에 들리지 않던 외침이 우리 영혼의 귀에 들릴 것이다.

"지금 너무 힘들어서 그러는데, 한 번만 안아주시면 안 돼요?"

그리고 우리가 아직 죄인 되었을 때에, 소망이 없을 때에, 낙심하고 있을 때에 하나님께서 우리를 어떤 은혜로 품어주셨던가를 기억해야 한다. 우리가 먼저 그리스도의 사랑을 맛보고 경험할 때, 복음의 능력이 우리 안에서 활발히 작동될 때 우리도 우리 인생의 수많은 브닌나를 긍휼의 눈으로 대할 수 있다. 그 감격이 우리 모두에게 흘러넘치기를 바란다.

하나님 마음에 귀 기울였더니

○

하 나 님 의
아 픔 이
들 린 다

2
PART

하나님의 사람이 엘리에게 와서 그에게 이르되 여호

와의 말씀에 너희 조상의 집이 애굽에서 바로의 집

에 속하였을 때에 내가 그들에게 나타나지 아니하

였느냐 이스라엘 모든 지파 중에서 내가 그를 택하

여 내 제사장으로 삼아 그가 내 제단에 올라 분향하

며 내 앞에서 에봇을 입게 하지 아니하였느냐 이스

라엘 자손이 드리는 모든 화제를 내가 네 조상의 집

에 주지 아니하였느냐 너희는 어찌하여 내가 내 처

소에서 명령한 내 제물과 예물을 밟으며 네 아들들

을 나보다 더 중히 여겨 내 백성 이스라엘이 드리는

가장 좋은 것으로 너희들을 살지게 하느냐 그러므로

이스라엘의 하나님 나 여호와가 말하노라 내가 전

에 네 집과 네 조상의 집이 내 앞에 영원히 행하리라

하였으나 이제 나 여호와가 말하노니 결단코 그렇

게 하지 아니하리라 나를 존중히 여기는 자를 내가

존중히 여기고 나를 멸시하는 자를 내가 경멸하리라

삼상 2:27-30

chapter **4**

지금은 돌이킬 때다

이제 한나에게서 엘리 제사장에게로 초점을 옮겨보자. 엘리는 사무엘상이 기록된 당시의 영적인 지도자였다. 그렇다면 사무엘상의 주인공은 응당 엘리 제사장이어야 맞다. 그런데 사무엘상이 전개되는 과정을 보면, 처음부터 어린아이인 사무엘이 주인공임을 느끼게 된다.

물론 시간이 흐른 후에는 사무엘이 무대의 전면에 나서는 것이 이해가 되지만, 사무엘상의 시작 부분에서는 아직 어린아이일 뿐이다. 그럼에도 불구하고 당대의 대표적인 종교 지도자 엘리 제사장은 사실상 엑스트라이고, 실질적으로 그 시대의 영적 흐름을 주도해나가는 주인공은 사무엘이었다.

이 사실은 굉장히 중요한 의미를 가진다. 하나님나라에서는 겉으로 보이는 그 사람의 모양이나 직분이 중요한 것이 아니다. 직분이 그 사람을 저절로 믿음의 사람, 순종의 사람으로 만들지 못하기 때문이다. 마음에 깊이 새겨야 할 무서운 진리가 아닐 수 없다. 특별히 나 같은 목회자나 교회의 수많은 중직자들은 이 진리를 더욱 깊이 명심해야 한다.

직분과 영적 수준의 괴리감

나는 엘리 제사장을 보면서 두려움을 느꼈다. 당대를 대표하는 제사장이란 직분을 가지고 있었지만, 그 직분은 엘리를 순종의 자리로 이끌지 못했을뿐더러 오히려 시간이 갈수록 영적으로 퇴보하게 만들었다. 중요한 자리에 있는 사람일수록 이런 낭패를 겪게 되는 경우가 많다. 직분을 자신의 수준으로 착각했기 때문이다.

분당우리교회를 개척하면서 담임목사 시무투표 제도를 만들었다. 7년마다 재신임 투표를 시행하는 것이다. 나 스스로 엘리 제사장과 같은 사람이 될까봐 두려웠기 때문에 마련한 일종의 안전장치 같은 것이었다.

사실 개척 초기에는 이런 안전장치가 필요 없었다. 그때는 누가 뭐라고 하지 않아도 열심을 냈다. 새벽기도회를 인도해야 할 때면 집에 가지 않고 교회에 머물렀다. '성도들은 새벽예배에 참석하고는 김밥 한 줄 들고 바로 회사로 출근하는데, 내가 어떻게 집에 들어가 편히 드러누울 수 있을까' 하는 마음에 집에 갈 수 없었다. 조그마한 창고 같은 목양실에서 설교 준비도 하고, 졸기도 했다. 그땐 졸아도 교회에서 졸았다.

그런데 13년이 지난 지금의 내 모습을 돌아보면 부끄럽기 짝이 없다. 초창기의 정신은 모래가 손에서 빠져나가는 것처럼 스르르 사라져가고 있다. 그러니 만약 시무투표 같은 제도라도 없었다면, 나는 은퇴할 때가 되어서야 인생을 돌아보게 될 것이고, 그때는 이미 너무 늦은 때일 것이다. 그러나 7년 단위로 임기가 정해져 있으니 7년마다 지나간 시간을 아프게 돌아보게 된다. 이런 의미에서 우리 교회에서 시행하는 담임목사 시무투표 제도가 내게 참 유익하다.

이처럼 나는 엘리 제사장과 같은 자가 되고 싶지 않아 염려한다. 시간이 흐르면서 나도 모르게 영적으로 후퇴하고 퇴보하는 자가 될까봐 근심한다. 그래서 엘리의 모습을 더욱 유심히 살펴보았다. 사무엘상은 엘리에 대해 어떻게 묘사하고 있는가?

엘리가 매우 늙었더니 삼상 2:22

그때에 엘리의 나이가 구십팔 세라 그의 눈이 어두워서 보지 못하더라

삼상 4:15

사무엘상에 나오는 엘리의 이미지는 늙고 초라하다. 눈이 어두워지고 자꾸 눕고 싶어 하는 모습이다. 단순히 나이가 많아 늙었기 때문에 체력이 약해진 것을 묘사하는 것이 아니라 무기력한 엘리의 영적 상태를 상징적으로 표현한 것이다.

우리 교회에 구십 세 된 어르신이 계시는데, 어느 날 그 분이 체육관에서 의자를 정리하는 모습을 보았다. 그 모습이 내 마음에 얼마나 감동적으로 다가왔는지 모른다. 성도들을 위해 의자 하나를 펴는 일이라도 섬기지 않으면 안 되겠다는 뜨거운 마음을 가진 어른을 보고 어떻게 늙었다고 말할 수 있을까? 영적으로는 누구보다 더 청춘이셨다. 나는 나와 모든 성도들이 이 어르신과 같은 삶을 살기를 원한다.

세월이 흐르면서 몸이 쇠약해지고 자꾸 눕고 싶어지는 것은 어쩔 수 없는 자연의 이치이다. 하지만 우리의 영(靈)만큼은 주님 앞에서 갈수록 더 뜨거워지고 더 새로워져야 한다. 주님 보시기에 날마다 어린아이같이 기뻐 뛰는 모습으로 나아가야 한다. 그러나 엘리 제사장에게는 이런 모습이 보이지 않았다.

둔감한 영적 상태

마음이 힘들고 괴로워 기도하고 있던 한나에게 엘리 제사장은 이렇게 말한다.

그가 여호와 앞에 오래 기도하는 동안에 엘리가 그의 입을 주목한즉 한나가 속으로 말하매 입술만 움직이고 음성은 들리지 아니하므로 엘리는 그가 취한 줄로 생각한지라 엘리가 그에게 이르되 네가 언제까지 취하여 있겠느냐 포도주를 끊으라 하니 삼상 1:12-14

오늘날 교회에서 이런 일이 일어났다고 생각해보자. 너무 힘들고 고통스러워서 말도 나오지 않아 그저 예배당에 앉아 입술만 간신히 달싹이며 "주님, 나 좀 살려주세요" 하고 있는데, 목사라는 사람이 가서 "집사님, 아침부터 술 드시고 교회에서 뭐하는 거예요!"라고 말했다면 무슨 일이 벌어졌을까? 이미 마음이 상할 대로 상한 그 성도가 얼마나 큰 상처를 받겠는가? 어쩌면 실망감을 가득 안고 교회를 떠났을지도 모른다. 엘리의 상태가 바로 이랬다.

우리 교회 교역자들에게 늘 강조하여 말하는 것이 있다. 그중 하나가 이것이다.

"사람은 악한 일로만 상처를 주는 것이 아니다. 영적으로 약하고 둔해지면 상처를 주게 된다. 성도들은 지금 죽을 것같이 아픈데 그것을 전혀 모르는 둔감함이 상처를 주게 되는 것이다. 그러니 민감해야 할 때 민감하고, 둔감해야 할 때 둔감해야 한다."

내가 왜 이런 말을 후배 교역자들에게 강조할까? 우리는 좀 둔감해도 괜찮은 것에는 엄청 예민하고, 반대로 예민해야 할 것에는 둔감한 미련한 인생이기 때문이다.

개인적으로 내가 진심으로 두려워하며 경계하는 것 중 하나는 우리 교회 후배 목회자들에게 질투심을 느끼는 일이 발생하는 것이다. 나보다 설교 잘하는 후배 교역자에 대해, 나보다 더 인정받는 후배 교역자에 대해 질투를 느끼게 된다면 이보다 더 비참한 일이 어디 있겠는가!

그래서 하나님께 기도한다. 내 생애에 이런 일이 발생하지 않도록. 그리고 또 기도한다. 둔감할 때 둔감하고, 민감할 때 민감할 수 있도록.

엘리 제사장처럼 영적으로 둔감해지면 다른 사람의 고통을 민감하게 위로해주고 어루만져주어야 할 때 실패하게 된다.

> 아이 사무엘이 엘리 앞에서 여호와를 섬길 때에는 여호와의 말씀이 희귀하여 이상이 흔히 보이지 않았더라 엘리의 눈이 점점 어두워 가서 잘 보지 못하는 그때에 그가 자기 처소에 누웠고 삼상 3:1,2

그때는 하나님의 말씀이 희귀하여 이상이 보이지 않던 시대였다. 성경은 당시 영적으로 침체된 시대상을 설명한 다음, 바로 엘리의 눈이 점점 어두워져서 잘 보지 못하고 무기력하게 자기 처소에 누워 있는 모습을 묘사한다. 이미 지도자로서 말할 수 없이 무기력한 상태를 보여주는 것이다.

하나님이 경고하실 때

그러나 이런 무기력이 오기 전부터 하나님은 이에 대해 많은 경고를 주셨다.

> 너희는 어찌하여 내가 내 처소에서 명령한 내 제물과 예물을 밟으며 네 아들들을 나보다 더 중히 여겨 내 백성 이스라엘이 드리는 가장 좋은 것으로 너희들을 살지게 하느냐 그러므로 이스라엘의 하나님 나 여호와가 말하노라 내가 전에 네 집과 네 조상의 집이 내 앞에 영원히 행하리라 하였으나 이제나 여호와가 말하노니 결단코 그렇게 하지 아니하리라 나를 존중히 여기는 자를 내가 존중히 여기고 나를 멸시하는 자를 내가 경멸하리라 삼상 2:29,30

엘리 제사장에게 주시는 하나님의 경고이다. 엘리 제사장이 이런 하나님의 경고 앞에서 회개하고 돌아섰더라면 얼마나 좋았을까? 하나님나라의 원리는 숨지기 직전이라도 깨닫고 회개하기만 한다면 회복의 자리로 인도해주시는 것이다. 이것이 하나님의 은혜이다. 그러나 엘리 제사장은 무기력하게 자리에 누워 있을 뿐이었다.

계속해서 사무엘상 3장을 보면, 영적으로 둔감하고 무기력한 엘리의 모습을 몇 가지 더 살펴볼 수 있다.

하루는 아직 어린아이였던 사무엘이 여호와의 전 안에 누워 있는데, 하나님께서 부르셨다.

"사무엘아, 사무엘아."

사무엘은 엘리 제사장에게로 달려갔다.

"저를 부르셨습니까?"

"아니, 부르지 않았다."

그런데 하나님께서 또 사무엘을 부르셨다. 사무엘은 다시 엘리 제사장에게 달려갔고, 엘리는 자기는 부르지 않았으니 다시 가서 자리에 누우라고 했다. 이런 일이 세 번 일어났다. 하나님께서 사무엘을 부르셨고, 사무엘은 자신도 모르게 이것을 엘리에게 알리고 있었다. 이 사실에 유념하며 다음 구절을 보자.

> 여호와께서 세 번째 사무엘을 부르시는지라 그가 일어나 엘리에게로 가서 이르되 당신이 나를 부르셨기로 내가 여기 있나이다 하니 엘리가 여호와께서 이 아이를 부르신 줄을 깨닫고 엘리가 사무엘에게 이르되 가서 누웠다가 그가 너를 부르시거든 네가 말하기를 여호와여 말씀하옵소서 주의 종이 듣겠나이다 하라 하니 이에 사무엘이 가서 자기 처소에 누우니라 삼상 3:8,9

여기서 한 가지 주목해야 할 사실이 있다. 이미 살펴본 대로 엘리 제사장의 영은 다 죽은 상태였다. 그럼에도 불구하고 그에게는 여전히 다른 사람을 지도하고 가르치는 기능이 살아 있었다. 엘리 제사장은 그렇게 무능한 자리에 빠진 이후에도 사무엘을 잘 지도한다. 하나님께서 또 부르시거든 어떻게 응답해야 하는지 가장 좋은 정답을 사무엘에게 알려주고 있는 것이다.

나는 이런 엘리의 모습을 보면서 두려움을 느꼈다. 다른 사람은 그토록 정확하게 잘 가르치면서 정작 자기 자신의 우둔한 영적 상태는 감지하지 못하는 불행한 일이 내게는 일어나지 않기를 간절히 기도한다.

영이 죽으면 내 모습을 볼 수 없다

사무엘이 엘리 제사장의 가르침대로 행했을 때, 하나님의 말씀이 임했다.

내가 엘리의 집에 대하여 말한 것을 처음부터 끝까지 그날에 그에게 다 이루리라 내가 그의 집을 영원토록 심판하겠다고 그에게 말한 것은 그가 아는 죄악 때문이니 이는 그가 자기의 아들들이 저주를 자청하되 금하지 아니하였음이니라 그러므로 내가 엘리의 집에 대하여 맹세하기를 엘리 집의 죄악은 제물로나 예물로나 영원히 속죄함을 받지 못하리라 하였노라 하셨더라
삼상 3:12-14

하나님께서 엘리와 엘리의 가문에 일어날 일을 어린 사무엘에게 말씀하신 것이다. 다음날, 엘리는 사무엘에게 무슨 일이 있었는지를 물었다.

> 엘리가 사무엘을 불러 이르되 내 아들 사무엘아 하니 그가 대답하되 내가 여기 있나이다 하니 그가 이르되 네게 무엇을 말씀하셨느냐 청하노니 내게 숨기지 말라 네게 말씀하신 모든 것을 하나라도 숨기면 하나님이 네게 벌을 내리시고 또 내리시기를 원하노라 하는지라 사무엘이 그것을 그에게 자세히 말하고 조금도 숨기지 아니하니 그가 이르되 이는 여호와이시니 선하신 대로 하실 것이니라 하니라 삼상 3:16-18

여기에서 우리가 살펴야 할 중요한 포인트는 하나님께서 일하고 계시는 의도가 무엇인가 하는 것과 거기에 반응하는 엘리의 모습이 어떤가를 점검해봐야 한다는 것이다.

사무엘상 2장 말미에서 하나님께서는 엘리에게 경고의 말씀을 주셨다. 그런데 엘리는 그것을 귀담아 듣지 않고 흘려보냈다. 그러자 하나님께서는 어린 사무엘을 통해 말씀을 주셨다. 그리고 말씀하시기 전에 하나님이 사무엘을 부르고 계심을 엘리에게 알게 하셨으며, 사무엘을 통해 하나님이 엘리 자신에게 주시는 경고의 말씀을 듣게 하셨다.

이 구절을 보며 두려웠다. 내가 늘 궁금해했던 것 중에 하나가 목회자가 들키지 않은 숨은 죄를 계속 저지르고 있을 때에도 어떻게 여전히 은혜로운 설교가 가능한가 하는 것이었다.

언젠가 집회 인도 차 미국에 있는 교포 교회를 방문했다가, 한때 그 지역을 이끌다시피 하면서 영향력을 행사하던 교회의 담임목사님이 불륜으로 교회에서 쫓겨나는 가슴 아픈 일이 있었다는 이야기를 들었다. 그 목사님이 오랫동안 들키지 않고 불륜을 저질렀다는 부연설명을 들으며 정말 불가사의하다는 생각을 했다.

'아니, 어떻게 그렇게 오랫동안 불륜을 저지르면서도 여전히 강단에서 말씀을 전할 수 있었을까?'

그런데 이 구절에서 그 답을 찾았다. 엘리의 영은 다 죽은 상태였다. 그럼에도 불구하고 다른 사람을 지도하는 기능은 살아 있었다. 그래서 사무엘에게 정확하게 지도해줄 수 있었다. 그러나 불행하게도 자기 자신에게는 적용하지 못했다. 이것이 무서운 일 아닌가?

최근에 미국 교회에서도 비슷한 일이 있었다. 한때 미국인들 사이에 차세대 지도자로 부각되며 많은 사람들의 주목을 받았던 유명한 목회자가 불륜의 죄를 짓고 교회에서 사임했다. 나는 그 가슴 아픈 소식을 듣고는 일부러 그 분이 쓴 책을 꺼내 읽어보았다. 주옥 같은 설교가 책에 담겨 있었다.

내가 새삼 깨달은 것은, 그 사람의 영이 타락하고 변질되어 다 죽어 있어도 여전히 성도들을 지도하는 데는 손색없을 정도로 제 기능을 발휘할 수 있다는 것이다. 오히려 그래서 방심할 수 있는 것이다. 어떤 면에서는 이것이 가장 무서운 형벌이라는 생각을 했다.

우리는 어떤가? 엘리 제사장과 같이 이미 영적으로 무디어져서 자기를 볼 줄 모르는 상태에 빠져 있으면서도 여전히 남들을 가르치기 좋아하는 모습은 없는가?

이것을 놓고 기도해야 한다. 리더로, 교사로, 여러 가지 직분으로 교회 안에서 좋은 가르침을 베풀며 선한 영향을 미치고 있다 해도 그것이 그 사람의 영혼의 상태를 말해주는 것은 아니다. 자기 자신을 볼 수 없는 사람은 그 칼날을 다른 사람을 향해 들이대기 일쑤다.

"우리 교회는 이게 문제야! 우리 교회는 이것 때문에 망할 거야! 한국 교회가 이래서는 안 돼!"

남들에 대해서는 정확하게 분석하고 판단하고 비판한다. 구구절절 맞는 말이다. 그러나 정작 자신의 영이 어떤 상태인지는 판단조차 할 수 없이 무뎌져 있는 경우가 많다. 우리는 무엇보다 이런 상태를 두려워해야 한다. 그리고 두려운 마음으로 하나님 앞에서 우리의 영적 상태를 늘 점검해야 한다.

'하나님 보시기에 내게는 엘리와 같은 모습은 없는가? 자녀를 양육하는 부모로서 내게는 엘리와 같은 둔감함은 없는가? 영적으로

는 이미 죽은 상태이면서 다른 사람을 가르치고 판단하는 기능만 살아 있는 건 아닌가?'

이렇게 우리 모두 엘리일지 모른다는 두려움을 가지고 하나님 앞에 나아갈 때 영이 밝아져 우리 자신의 참 모습을 발견하게 될 것이다.

영적으로 민감해지기 위해 할 수 있는 것이 하나 있다. 그것은 십자가 앞으로 나아가는 것이다! 십자가 가까이 나아가는 것, 십자가 앞에서 나를 조명하는 것, 예수 그리스도를 더 소중히 여기는 것이다. 예수님이 인도해주실 때 우리는 그분의 은혜로 우리 자신의 모습을 정직하게 볼 수 있다.

우리 모두 다 하나님의 그 은혜를 구하게 되길 바란다. 그래서 엘리와 같이 하나님의 경고에 무감각한 자가 아니라 이 시대를 향한 하나님의 마음을 아는, 영적으로 깨어 있는 자들이 다 되기를 바란다.

—

엘리의 아들들은 행실이 나빠 여호와를 알지 못하더라 그 제사장들이 백성에게 행하는 관습은 이러하니 곧 어떤 사람이 제사를 드리고 그 고기를 삶을 때에 제사장의 사환이 손에 세 살 갈고리를 가지고 와서 그것으로 냄비에나 솥에나 큰 솥에나 가마에 찔러 넣어 갈고리에 걸려 나오는 것은 제사장이 자기 것으로 가지되 실로에서 그곳에 온 모든 이스라엘 사람에게 이같이 할 뿐 아니라 기름을 태우기 전에도 제사장의 사환이 와서 제사 드리는 사람에게 이르기를 제사장에게 구워 드릴 고기를 내라 그가 네게 삶은 고기를 원하지 아니하고 날 것을 원하신다 하다가 그 사람이 이르기를 반드시 먼저 기름을 태운 후에 네 마음에 원하는 대로 가지라 하면 그가 말하기를 아니라 지금 내게 내라 그렇지 아니하면 내가 억지로 빼앗으리라 하였으니 이 소년들의 죄가 여호와 앞에 심히 큼은 그들이 여호와의 제사를 멸시함이었더라

—

삼상 2:12-17

chapter **5**

오늘 소홀하면 내일 실패한다

엘리 제사장에게는 홉니와 비느하스라는 두 아들이 있었다. 마음이
아픈 것은 성경에 묘사된 홉니와 비느하스의 이야기가 온통 부정적
인 내용뿐이라는 것이다. 성경이 지적하는 그들의 죄악상을 정리해
보면 세 가지 정도로 요약할 수 있다.

제사를 멸시한 제사장

첫째, 그들은 여호와의 제사를 멸시했다.

이 소년들의 죄가 여호와 앞에 심히 큰 것은 그들이 여호와의 제사를 멸시함이
었더라 삼상 2:17

여기 나오는 '여호와의 제사를 멸시했다'는 것이 무엇을 강조하는 표현인지 살펴보자.

여호와께서 모세에게 이르시되 이 백성이 어느 때까지 나를 멸시하겠느냐 내가 그들 중에 많은 이적을 행하였으나 어느 때까지 나를 믿지 않겠느냐
민 14:11

여기 보면 하나님을 멸시하는 것은 다른 것이 아니다. 그동안 행하셨던 하나님의 일하심, 하나님께서 그들에게 얼마나 놀라운 은혜를 주셨는지를 믿지 못하는 태도가 바로 하나님을 멸시하는 태도이다.

본문을 묵상하는데, "그들이 여호와의 제사를 멸시함이었더라"(삼상 2:17)라는 구절과 "엘리의 두 아들 홉니와 비느하스가 여호와의 제사장으로 거기에 있었더라"(삼상 1:3)라는 구절이 도무지 연결되지 않았다. 아니, 어떻게 여호와의 제사장으로 여호와의 제사를 집례하는 자리에 서 있는데, 바로 그들이 여호와의 제사를 멸시할 수 있었을까?

이것은 앞에서 살펴본 바 있는 엘리 제사장의 경우와 비슷하다. 이미 영적으로 죽은 상태이며 무기력하기 짝이 없었지만 기능적으로는 여전히 사무엘을 지도하는 데 전혀 지장이 없었던 엘리 제사

장의 모습 말이다. 거듭 강조하지만 우리는 그 사람의 위치나 하고 있는 일이 곧 그 사람의 내면세계를 보여주는 것이 아님을 알아야 한다.

똑같은 이치로 엘리의 두 아들 홉니와 비느하스가 기능적으로는 대대로 내려오는 가업을 이어받아 제사장의 역할을 손색없이 잘 감당했을지 몰라도, 그들의 마음 중심에는 하나님을 향한 믿음과 신뢰와 사랑이 없었다. 그들에게는 성경이 기록한 대로 '여호와의 제사를 멸시하는 태도'가 있었을 뿐이다.

처음에는 이 같은 문제가 드러나지 않았을 수도 있다. 사람은 겉으로 드러나는 모습밖에는 볼 수 없기 때문에 그 사람이 무슨 마음으로 그 기능을 행하는지 잘 모른다. 그러나 그런 변질은 시간이 흐를수록 다른 사람들도 알아챌 만큼 더 깊은 타락의 길로 나아간다는 사실을 기억해야 한다.

이것이 왜 두려운 일인가? 민수기에 이런 사람들을 향한 단호한 말씀이 나온다.

내가 그들의 조상들에게 맹세한 땅을 결단코 보지 못할 것이요 또 나를 멸시하는 사람은 한 사람도 그것을 보지 못하리라 민 14:23

오늘날의 목회자들 역시 하나님을 인정하지 않고 신뢰하지 않으면서도 죽을 때까지 목회할 수 있다. 홉니와 비느하스처럼 나중에 그 사실이 사람들에게 발각되어 수치를 당할 수도 있고, 용케 사람들의 눈을 감쪽같이 속일 수 있을지도 모른다. 그러나 그렇다 하더라도 그들에게는 무서운 형벌이 주어진다.

"내가 그들의 조상들에게 맹세한 땅을 결단코 보지 못할 것이요." 바울은 이렇게 고백했다.

> 내가 남에게 전파한 후에 자신이 도리어 버림을 당할까 두려워함이로다
>
> 고전 9:27

우리 역시 가장 두려워하며 경계해야 할 것이 바로 이것이다.

하나님을 향한 순수한 갈망

얼마 전에 교회 홈페이지에 올라온 성도들의 간증 중에서 인상적인 글 하나를 봤다. 특별새벽부흥회 기간에 지방 출장을 가게 되어 부득이 모텔에서 인터넷으로 예배를 드리게 되었다는 분의 간증이다.

저는 지금 대구 출장 중이라 부득이하게 모텔에서 컴퓨터로 예배를 드리고 있습니다. 새로운 환경이고 모텔이란 곳의 특성상 예배에 집중하

기가 어려웠습니다. 그러나 오늘은 환경을 다 내려놓고 정말 주님만 붙잡고 찬양하고 기도했습니다.

… (중략) …

엘리만도 못한 나인데, 엘리보다 더 큰 죄를 짓고 있는 것 같아서 그 새벽에 모텔에서 많은 눈물을 흘리며 회개할 수밖에 없었습니다. 아마도 옆방에서 들었다면 웬 남자가 노래를 부르다 갑자기 울다 했으니 '술에 엄청 취했구나' 했을 것 같습니다(엘리가 한나를 보듯?). 하지만 저는 술 취해서 그런 게 아니라 그 시간 주님의 은혜에 깊이 취해 눈물로 찬양하고 기도하지 않을 수 없었습니다.

모텔이란 곳이 여러 사람이 자는 곳이고 방음이 잘 안 되니 새벽에 그렇게 찬양하며 소리 지르면 안 된다는 것을 그 분도 잘 알았을 것이다. 그러나 하나님을 예배하고 싶은 갈망을 억제할 수 없어 그렇게 찬양하고 기도한 것이다. 홉니와 비느하스와 대조되는 모습이 아닐 수 없다.

홉니와 비느하스는 겉으로는 제사장직을 맡고 있어서 늘 제사를 주도했지만, 내면으로는 하나님을 믿지 않았다.

나 같은 목회자들이 성경을 읽고 묵상할 때 제일 방해되는 습관이 하나 있다. 묵상하다가 감동이 되는 게 있으면 설교에 인용하려고 옮겨 적는 것이다. 처음에는 '성도들에게 좋은 말씀을 전해야

지' 하는 순수한 마음으로 시작하지만, 조금만 방심하면 써먹으려고 성경을 보게 된다. 써먹으려고 기도하고, 써먹으려고 묵상하게된다. 이런 위험이 있기 때문에 늘 깨어 있기 위해 몸부림을 쳐야 한다. 그리고 성도들이 목회자들을 위해 늘 기도해주어야 하는 이유이기도 하다.

영적 타락에 이은 성적 타락
둘째, 그들은 성적으로 타락했다.

엘리가 매우 늙었더니 그의 아들들이 온 이스라엘에게 행한 모든 일과 회막 문에서 수종 드는 여인들과 동침하였음을 듣고 삼상 2:22

영적 타락이 나오고 바로 뒤이어 성적 타락이 나온 것을 기억해야 한다. 오늘 내가 예배를 소홀히 하면 내일 도덕적으로 타락한다. 모텔에서조차 하나님을 예배하고자 하는 갈망으로 가슴을 치며 회개하고, 하나님 앞에 순수하게 나아가는 모습을 잃어버리면, 우리는 내일이라도 당장 변질될 수 있다.

가끔씩 존경해 마지않던 목사님들이나 어른들이 노년에 이르러 실망스러운 모습을 보일 때가 있다. 그토록 순수한 열정으로 예수님을 사랑하시던 분이 돈을 사랑하거나 세상을 탐하는 모습을 볼 때

우리는 실망을 넘어서 배신감을 느끼기도 한다. 그러면서 "저 목사님이 젊은 시절 보였던 모습은 다 위선이었어!"라고 쉽게 단정해버리곤 한다.

그러나 그것은 위선이 아니었을 것이다. 젊은 시절 보여주었던 순수함과 열정도 그 분의 모습이고, 세월이 흘러 어느덧 그 순수함은 사라지고 우리를 실망시키는 행동만 남은 모습도 그 분의 모습이다.

한 가지 확실한 것은 그 분이 목회가 조금 할만 하다고, 교회가 조금 커졌다고, 신앙생활이 좀 익숙해졌다고 하나님 앞에 예배를 소홀히 했을 거란 것이다. '오늘' 예배를 소홀히 하면 '내일' 타락할 수 있는 것이 우리들이다.

충고를 거절한 경직된 마음

셋째, 그들은 아버지인 엘리 제사장의 말을 듣지 않았다.

사람이 사람에게 범죄하면 하나님이 심판하시려니와 만일 사람이 여호와께 범죄하면 누가 그를 위하여 간구하겠느냐 하되 그들이 자기 아버지의 말을 듣지 아니하였으니 이는 여호와께서 그들을 죽이기로 뜻하셨음이더라

삼상 2:25

가슴 아픈 일이다. 이 구절 속에서 우리는 엘리 제사장이 아버지로서 자녀 교육에 실패했음을 볼 수 있다. 또한 누구의 말도 듣지 않는 홉니와 비느하스의 경직된 태도를 볼 수 있다. 경직된 태도로 육신의 아버지인 엘리의 말도 듣지 않는 이 두 아들이 눈에 보이지 않는 하나님 아버지의 말을 들었을 리 만무하다. 굳어지고 경직된 마음을 그대로 방치하면 누구의 말도 듣지 않는 경화(硬化) 현상이 나타나기 때문이다.

분당우리교회에서는 화요일마다 '교역자 목회 수업'이 펼쳐진다. 한 시간에서 한 시간 반가량 진행되는데, 이 시간에 나오는 나의 말은 좀 세고 표현도 격할 때가 많다. 그 자리에 있는 교역자들은 군대에 갓 입대한 이등병이 아니기 때문이다. 영적으로 말하면 다 장교들이니 강하게 훈련시켜야 한다고 믿는다.

그러다보니 강도가 세다. 직격탄을 날릴 때도 있다. 어떤 때는 내가 하고도 좀 심했다 싶을 때가 있다. 고마운 것은 그런 말을 듣고도 "이렇게 깨우쳐주셔서 고맙습니다"라고 인사하는 교역자들이 많다는 것이다. 이것은 그들이 아직 홉니와 비느하스처럼 굳어진 상태가 아니기에 가능한 일이다.

만일 예수님을 오래 믿었다는 이유로, 교회생활을 오래 했다는 이유로 남의 말을 잘 듣지 않으면서 그저 가르치려고만 하고, 누가 뭐라고 지적하면 내용과 상관없이 기분이 나쁘기만 하다면 지금 위험한 상태이다. 홉니와 비느하스처럼 되어가고 있다는 것을 어서 자각해야 한다.

> 맑은 물을 너희에게 뿌려서 너희로 정결하게 하되 곧 너희 모든 더러운 것
> 에서와 모든 우상 숭배에서 너희를 정결하게 할 것이며 또 새 영을 너희 속
> 에 두고 새 마음을 너희에게 주되 너희 육신에서 굳은 마음을 제거하고 부
> 드러운 마음을 줄 것이며 겔 36:25,26

하나님께서는 우리에게 이 마음, 곧 굳은 마음을 제거한 부드러운 마음을 주기 원하신다. 그래서 부부 간에, 부모 자식 간에, 이웃 간에 점점 더 부드러운 마음으로 대하길 원하신다. 그러면 가정이 살아나고 교회가 살아난다. 우리가 다 이 소원을 품고 구하게 되기를 바란다.

하나님을 알지 못했다

지금까지 홉니와 비느하스의 문제점을 세 가지로 정리하여 살펴보았다. 그런데 이 세 가지는 눈에 보이는 열매들이다. 그렇다면 이들은 왜 이런 모습을 보인 것일까? 그들이 이런 모습을 맺을 수밖에 없는 뿌리, 곧 보이지 않는 근본적인 문제점은 무엇이었을까?

첫째로 그들은 하나님에 대해 무지했다.

엘리의 아들들은 행실이 나빠 여호와를 알지 못하더라 삼상 2:12

겉으로 드러나는 홉니와 비느하스의 악한 행위들은 바로 여기에서 기인한다. 문학 비평가 데이비드 담로쉬가 쓴 책에 보면 여기에 나오는 "알지 못하더라"라는 표현은 창세기부터 열왕기서에 이르기까지 딱 세 번, 세 부류의 사람들에게 나온다고 한다. 이 표현은 제일 먼저 출애굽 당시 애굽 왕 바로에게 사용되었다.

바로가 이르되 여호와가 누구이기에 내가 그의 목소리를 듣고 이스라엘을 보내겠느냐 나는 '여호와를 알지 못하니' 이스라엘을 보내지 아니하리라 출 5:2

그 다음 여호수아 이후 사사 시대 사람들에게 이 말씀이 적용되었다.

그 세대의 사람도 다 그 조상들에게로 돌아갔고 그 후에 일어난 다른 세대는 '여호와를 알지 못하며' 여호와께서 이스라엘을 위하여 행하신 일도 '알지 못하였더라' 삿 2:10

그리고 마지막 한 군데 더 나오는 것이 홉니와 비느하스에게 주신 말씀인 사무엘상 2장 12절이다. 이 구절을 읽고 묵상하는데 싸한 아픔이 밀려왔다. 이 구절이 제일 먼저 적용된 사람은 하나님을 알지 못하던 이방 나라 애굽의 바로였다. 어찌 보면 지극히 당연하고 정상적인 일이다. 그런데 세월이 흘러가면서 어떤 일이 일어났는가? 하나님을 알지 못했던 애굽의 바로가 하나님을 알게 된 것이 아니라 거꾸로 여호수아 이후 세대의 사람들이 바로를 닮아 하나님을 알지 못하게 되었다.

"그 세대의 사람도 다 그 조상들에게로 돌아갔고"라는 표현은 세대가 교체되었다는 말이다. 그런데 그 다음 표현을 보자.

"그 후에 일어난 다른 세대는 여호와를 알지 못하며."

만일 제대로 기록되었다면 "그 후에 일어난 '다음 세대'는"이라고 되어야 맞을 것 같은데, 성경은 '다른 세대'라고 기록했다. 이 부분이 내 마음을 아프게 했다. 바로의 후손들이 하나님 백성의 영향을 받아 하나님을 알게 된 것이 아니라 거꾸로 여호수아의 후손들이 바로의 영향을 받아 여호와를 알지 못하는 다른 세대가 되어버린 것이다.

다른 세대가 되어버린 다음 세대

이것은 남의 이야기가 아니다. 지금 우리와 우리의 자녀들은 문화적으로 완전히 다른 세대이다. 자녀들이 우리를 도저히 이해하지 못한다. 우리가 가슴으로 부르던 노래들을 자녀들은 알지도 못하고 촌스럽다고 여긴다. 우리는 어떤가? 우리는 우리 자녀들이 듣는 노래를 듣지 않는다. 들어도 무슨 노래인지 알지 못한다. 전혀 다른 세대가 되고 말았다.

사실 문화적으로 다른 건 그리 큰 상관이 없다. 각자 서로 좋아하는 노래를 들으면 그만이다. 하지만 영적으로 다른 세대라면, 우리의 눈은 여호와 하나님을 바라보는데 자녀들은 이 세상을 바라본다면 그것은 정말 슬픈 일이다.

특별새벽부흥회 때의 사진 중에 내 기억에 깊이 남는 사진이 하나 있다. 엄마가 눈물을 흘리며 기도하고 있는데 대여섯 살 정도 되어 보이는 아들이 엄마의 눈물을 닦아주는 모습이었다. 엄마는 아들의 영혼을 위해 눈물로 기도하고, 그 아들은 어머니의 눈물을 닦아주는 아름다운 모습이 정말 감동적이었다. 이런 모습이 사라지면 너무나 소중한 우리 아이들이 다른 세대가 되어버린다.

'어떻게 하면 다른 세대가 되어버린 우리 자녀들을 같은 세대로 만들 수 있을까?'

우리는 이 부분을 함께 고민하고 가슴 아파해야 한다.

엘리의 아들들은 행실이 나빠 여호와를 알지 못하더라 삼상 2:12

여기 나오는 '알다'라는 단어는 히브리어로 '야다'인데, 이는 경험으로 깨닫는 것을 의미한다. '야다'를 경험한 대표적인 인물은 다윗이다. 그가 골리앗에게 덤빌 수 있는 용기는 어디에서 나온 것일까? 그가 양을 지키면서 하나님을 '야다'했기 때문이다. 사나운 짐승이 공격해올 때 하나님의 은혜로 양들을 보호하면서 그는 하나님의 은혜를 '야다'한 것이다.

나는 스물세 살 때까지 목사 아들로 교회에서 자랐고, 주일마다 기타를 치며 찬양을 인도했었다. 그리고 학생부에서는 회장도 하며 교회 생활에 깊이 들어갔지만, 불행하게도 나에게는 '야다'가 없었다. 그런 내가 스물세 살 인생의 밑바닥을 경험하며 죽을 고생을 하는 가운데 하나님이 나를 어떻게 인도하시는지를 친히 '야다'할 수 있었다. 그 은혜를 경험했기 때문에 지금의 내가 될 수 있었다.

> 네가 물 가운데로 지날 때에 내가 너와 함께할 것이라 강을 건널 때에 물이 너를 침몰하지 못할 것이며 네가 불 가운데로 지날 때에 타지도 아니할 것이요 불꽃이 너를 사르지도 못하리니 사 43:2

나는 이 구절을 읽을 때 가슴이 아프다. 요즘 아이들은 물 가운데로 지날 일도 없고, 불 가운데로 지날 일도 없다. 물과 불 가운데로 지나봐야 그때 일하시는 하나님을 맛볼 수 있는데, "너는 공부만 해라. 불 가운데는 엄마가 대신 가줄게"라고 한다. 그러니 아이들이 하나님을 '야다'할 기회가 없다. 작은 문제만 생겨도 부모들이 발 벗고 나서서 다 해결해준다.

나는 이런 면에선 부족한 채로 어려움 가운데서 자라는 아이들이 더 복될 수도 있다는 생각을 한다. 그 어려움을 헤쳐나가는 가운데 하나님을 '야다'할 수 있는 기회가 있기 때문이다. 우리 자녀들이 어릴 적부터 하나님을 '야다'하는 은혜가 있기를 정말 간절히 바란다.

하나님을 업신여김

둘째로 홉니와 비느하스는 하나님을 두려워하지 않았다.

사무엘상 12장에 보면 사무엘이 자기 역할을 다 수행하고 스스로 물러날 때가 되었다고 여겨 고별설교를 하는 장면이 나온다. 거기서 그는 이렇게 당부한다.

> 너희는 여호와께서 너희를 위하여 행하신 그 큰 일을 생각하여 오직 그를 경외하며 너희의 마음을 다하여 진실히 섬기라 삼상 12:24

'경외'란 단어를 모르는 사람은 없을 것이다. 이 단어를 다른 말로 표현하자면 '두려워하는 마음'이다. 너무 크신 여호와 하나님 앞에서 부들부들 두려워 떨리는 마음으로 서는 것이 경외이다.

우리 자녀들이 '다음 세대'가 아니라 '다른 세대'가 되어버린 데 치명적인 영향을 준 것은 바로 더 이상 하나님을 두려워하지 않게 된 것에 있다. 아이들이 하나님을 우습게 여긴다. 이것은 우리가 가슴을 치며 회개해야 할 부분이다. 아이들이 이런 태도를 누구에게 배웠겠는가? 바로 부모들인 우리가 아니겠는가?

간혹 좋은 연주회의 초대권을 선물 받을 때가 있다. 그런 곳에 가보면 7시에 시작하는 연주회에 들어가기 위해 6시 50분부터 막 뛰기 시작하는 사람들을 볼 수 있다. 늦으면 안 되기 때문이다.

그런데 예배는 어떤가? 심하게 표현해서 밥 먹듯이 예배에 늦는다. 늦고서도 전혀 문제의식이 없고, 뛰어야겠다는 의지도 없다. 하나님 앞에 드리는 예배가 세상의 연주회보다도 가치가 없는 것으로 전락해버렸다.

예전에 청소년 사역을 할 때는 지각하는 아이들을 많이 야단쳤다.

"예배에 늦었으면 뛰는 시늉이라도 해라! 어떻게 지각하고도 그렇게 당당한 태도로 걸어 들어올 수 있어?"

태도의 문제이기 때문이다. 하나님의 모습이 그저 사랑 많으시고 용납하시고 기다려주시는 할아버지 같은 모습으로만 그려지고 있기 때문에 할아버지 수염 잡아 뜯는 버릇없는 손자들이 양산되고 있는 것이 오늘날 한국 교회의 모습이다. 하나님을 두려워하지 않는 것이다. 하나님이 너무 가소로운 것이다.

주인이 아니라 하나님을 두려워한 요셉

요셉이 주인 집 여자에게 유혹을 받았다. 부유한 집안의 여자였으니 얼마나 아름답게 꾸미고 피부 관리도 잘했겠는가? 아무도 없는 곳에서 그런 여자가 유혹하는데, 피가 끓는 청년이었던 요셉이 어떻게 그 유혹을 물리칠 수 있었는가? 못 이기는 척 유혹에 넘어가 주면 그 여자가 용돈도 주고 잘 돌봐주었을 텐데, 요셉은 끝끝내 유혹을 물리쳤다. 거기엔 이유가 있다. 그 이유를 요셉이 직접 이야기한다.

> 이 집에는 나보다 큰 이가 없으며 주인이 아무것도 내게 금하지 아니하였어도 금한 것은 당신뿐이니 당신은 그의 아내임이라 그런즉 내가 어찌 이 큰 악을 행하여 하나님께 죄를 지으리이까 창 39:9

만일 요셉이 "내가 어찌 이 큰 악을 행하여 당신 남편에게 죄를 지으리이까?"라고 말했다면, 그는 그날 아마도 성적인 죄를 지었을 것이다. 남편만 모르게 하면 되기 때문이다. 하지만 요셉은 그렇게 말하지 않았다. 그는 하나님을 두려워했다.

이 마음을 회복해야 한다. 하나님을 두려워하는 마음이 우리 안에서 회복되어야 하고, 또 우리 자녀들에게 회복되어야 한다.

경외하는 마음을 회복하라

다윗이 유부녀인 밧세바를 범하고 한동안 하나님을 경외하는 마음을 갖지 않았다. 일 년 가까이 지나도록 그에게는 여전히 하나님을 두려워하는 마음이 없었다. 그런데 그 마음이 어떻게 회복되었는가? 그렇게 마음이 무뎌진 다윗에게 하나님이 어떤 조처를 취하셨는가?

어느 날 하나님께서 선지자 나단을 다윗에게 보내셨다. 그리고 그에게 무서운 경고의 말씀을 주셨다.

> 그러한데 어찌하여 네가 여호와의 말씀을 업신여기고 나 보기에 악을 행하였느냐 네가 칼로 헷 사람 우리아를 치되 암몬 자손의 칼로 죽이고 그의 아내를 빼앗아 네 아내로 삼았도다 이제 네가 나를 업신여기고 헷 사람 우리아의 아내를 빼앗아 네 아내로 삼았은즉 칼이 네 집에서 영원토록 떠나지 아니하리라 하셨고 삼하 12:9,10

정말 두렵고 무서운 하나님의 진노의 말씀이 쏟아졌다. 다윗은 나단이 전하는 추상같은 하나님의 경고 앞에서 무너졌다. 그리고 다시금 하나님을 두려워하기 시작했다. 경외는 여기에서 나온다.

다윗의 마음은 홉니와 비느하스처럼 완전히 굳어진 상태가 아니었기에 선지자 나단의 말을 그냥 흘려보내지 않고 하나님의 말씀으로 받았다. 그리고 하나님 앞에 철저하게 회개하고 기도했다.

> 다윗이 그 아이를 위하여 하나님께 간구하되 다윗이 금식하고 안에 들어가
> 서 밤새도록 땅에 엎드렸으니 삼하 12:16

우리가 모여서 예배드리는 이유가 무엇인가? 그저 듣기 좋은 말 듣고 떡을 나누며 잔치하기 위해 모이는 것이 아니다. 우리는 예배 가운데 나단을 만나야 한다. 내 안에 있는 홉니와 비느하스 같은 모습을 깨뜨려야 한다. 그래서 나와 우리 자녀가 하나님을 경외하는 마음을 회복하도록, 다음 세대가 더 이상 다른 세대가 되지 않도록 가슴을 치며 하나님 앞에 엎드려야 한다.

"하나님, 제 안에 홉니와 비느하스의 모습은 없습니까? 제 삶에 하나님을 직접 경험하고 아는 '야다'가 있습니까? 제가 하나님을 예배하는 자리에 있지만 하나님을 알지 못하는 자로 서 있는 것은 아닙니까? 하나님 아버지를 '야다'하기 원합니다. 하나님을 향한 경외의 마음을 회복하기 원합니다. 그저 사람들의 눈에만 들키지 않으면 된다는 거짓된 마음이 아니라, 요셉처럼 하나님을 두려워하는 마음을 갖기 원합니다."

우리는 이렇게 기도해야 한다. 그럴 때 홉니와 비느하스와 같은 비참한 결말을 피할 수 있다. 우리 자녀들이 하나님을 알지 못하는

다른 세대로 전락하는 것을 막을 수 있다. 하나님께서 우리 삶에 친히 역사하시는 '야다'의 은혜를 주시기를, 그래서 하나님을 경외하는 마음으로 우리가 가득 채워지기를 바란다.

—

그의 며느리인 비느하스의 아내가 임신하여 해산 때

가 가까웠더니 하나님의 궤를 빼앗긴 것과 그의 시

아버지와 남편이 죽은 소식을 듣고 갑자기 아파

서 몸을 구푸려 해산하고 죽어갈 때에 곁에 서 있

던 여인들이 그에게 이르되 두려워하지 말라 네

가 아들을 낳았다 하되 그가 대답하지도 아니하

며 관념하지도 아니하고 이르기를 영광이 이스라엘

에서 떠났다 하고 아이 이름을 이가봇이라 하였으

니 하나님의 궤가 빼앗겼고 그의 시아버지와 남편

이 죽었기 때문이며 또 이르기를 하나님의 궤를 빼

앗겼으므로 영광이 이스라엘에서 떠났다 하였더라

—

삼상 4:19-22

chapter **6**

오히려 희망이 된다

사무엘상 4장의 상황은 한 마디로 절망 그 자체이다. 특히 엘리 제
사장 집안의 몰락은 이루 말할 수 없는 고통과 참담함의 극치이다.
이 상황을 간단하게 요약해보면 이렇다.

블레셋이 쳐들어와 전투가 벌어졌는데, 불행히도 그 전투에서 이
스라엘 군사 4천 명 가량이 목숨을 잃고 패배하게 된다. 망연자실
한 지도자들이 모여 원인을 분석했는데, 하나님의 임재의 상징인 언
약궤를 가지고 있지 않아서 패했다는 결론에 이르렀다. 그래서 언
약궤를 동원하면 전쟁에 이길 수 있다는 생각에 다시 2차 전쟁을 벌
였다.

그러나 결과는 더 큰 패배였다. 군사 3만 명이 목숨을 잃고 전쟁

에 패하는 절망적인 일을 경험하게 된 것이다. 더군다나 그렇게 믿었던 언약궤마저 빼앗겼다. 상상할 수 없는 일이 벌어졌고, 그 과정에서 홉니와 비느하스가 목숨을 잃었다. 그리고 두 아들이 죽었다는 소식을 들은 아버지 엘리 제사장은 충격을 받아 목숨을 잃는다.

이스라엘을 떠난 하나님의 영광

이런 절망적인 상황 가운데 태어난 아기에게 '이가봇'이라는 이름이 주어진다. 우리말로 하면 '하나님의 영광이 떠났다'라는 뜻이다. 하나님을 믿는 사람들에게 이보다 더 큰 저주가 어디 있겠는가. 어쩌다가 이런 비극이 일어나게 되었을까? 그리고 어떻게 하면 우리의 삶에서 이런 비극을 막을 수 있을까?

> 이르기를 영광이 이스라엘에서 떠났다 하고 아이 이름을 이가봇이라 하였으니 하나님의 궤가 빼앗겼고 그의 시아버지와 남편이 죽었기 때문이며 또 이르기를 하나님의 궤를 빼앗겼으므로 영광이 이스라엘에서 떠났다 하였더라 삼상 4:21,22

이들은 '이가봇'이라는 말로 슬픔을 표현한다. 그러나 이 구절을 자세히 들여다보면 이들은 하나님의 영광이 떠났기 때문이 아니라 궤를 빼앗기고 전쟁에서 패한 것에 슬퍼하고 있다. 이러한 이스라엘 백성의 잘못된 생각이 결정적인 패배의 원인이었다.

'능력의 상징인 언약궤를 동원하면 전쟁에서 이길 수 있다.'

그들은 하나님께 관계적으로 다가간 게 아니라 기능적으로 다가가고 있다. 하나님 임재의 상징인 언약궤를 무슨 부적처럼 생각하는 마음의 태도를 가지고 있었던 것이다. 신앙생활을 하는 우리도 이렇게 마음이 실려 있지 않은 행위들을 하고 있지는 않은지 돌아보아야 한다.

이스라엘은 잘못된 태도로 인해 전쟁에서 패했고, 비참한 절망을 맛보았다. 그런데 더 중요한 건 지금부터이다.

자신들의 잘못으로 언약궤를 빼앗겼음에도 이스라엘은 언약궤가 아무런 도움도 되지 않는 무기력한 도구에 불과하며, 블레셋이라는 나라는 하나님보다 더 강한 능력을 소유한 존재라는 인식 속에 절망하고 있었다.

그런데 그때 놀라운 일이 벌어지기 시작했다. 이스라엘에서 떠나 버린 하나님의 영광이 그들의 적국인 블레셋에서 나타나기 시작한 것이다.

아스돗 사람들이 이튿날 일찍이 일어나 본즉 다곤이 여호와의 궤 앞에서 엎드러져 그 얼굴이 땅에 닿았는지라 그들이 다곤을 일으켜 다시 그 자리에 세웠더니 그 이튿날 아침에 그들이 일찍이 일어나 본즉 다곤이 여호와의 궤 앞에서 또다시 엎드러져 얼굴이 땅에 닿았고 그 머리와 두 손목은 끊어져 문지방에 있고 다곤의 몸뚱이만 남았더라 삼상 5:3,4

다곤은 블레셋 사람들이 믿는 신이다. 하나님께서 블레셋 사람들이 섬기던 다곤을 무너뜨리셨다. 그리고 계속해서 6절을 보면 독한 종기의 재앙으로 그들을 치셨다. 사무엘상 6장에서는 여호와의 궤를 들여다봤다는 이유만으로 죽임을 당하기도 한다.

지금 어떤 일이 일어나고 있는가? 하나님의 영광이 자기들을 떠났다고 절망하고 있는 그때, 놀랍게도 하나님의 영광이 적국인 블레셋에 임하고 있음을 본 것이다. 하나님께서 이 일을 통해서 말씀하고 싶으신 것이 무엇일까?

"나 여호와는 너희들이 두려워하는 블레셋보다 더 강한 하나님이다. 너희들의 생각과 달리 여호와 하나님의 능력은 블레셋보다 더 강력하다."

이 메시지를 전하시는 것이다. 한 걸음 더 나아가 하나님께서 전하고 싶으신 메시지는 "여호와 하나님이 힘이 없어 이 전쟁에 패한 것이 아니다. 너희들이 나를 마음으로 사랑하지 않고 그저 도구로 이용하려고만 했기 때문에, 그리고 임재의 상징인 언약궤를 믿음과 사랑의 도구가 아니라 부적과 같은 능력의 도구로 전락시킨 너희들의 태도가 비참한 결과를 가져왔다"라는 것이다.

이스라엘의 태도 변화

블레셋에 임한 하나님의 영광의 소식을 들은 이스라엘 백성의 태도가 어떻게 바뀌는지 보자.

궤가 기럇여아림에 들어간 날부터 이십 년 동안 오래 있은지라 이스라엘 온 족속이 여호와를 사모하니라 삼상 7:2

참 오랜만에 나오는 표현이다. 드디어 이스라엘 백성이 언약궤를 아무짝에도 쓸모없는 상자라고 생각하지 않게 되었다. 그리고 여호와 하나님을 귀히 여기며 사모하는 마음을 갖게 되었다. 이스라엘의 태도가 변화된 것이다. 그런 이스라엘 백성을 향해 사무엘이 조언한다.

사무엘이 이스라엘 온 족속에게 말하여 이르되 만일 너희가 전심으로 여호와께 돌아오려거든 이방 신들과 아스다롯을 너희 중에서 제거하고 너희 마음을 여호와께로 향하여 그만을 섬기라 그리하면 너희를 블레셋 사람의 손에서 건져내시리라 삼상 7:3

그랬더니 이스라엘 백성이 어떻게 반응하는가?

이에 이스라엘 자손이 바알들과 아스다롯을 제거하고 여호와만 섬기니라

삼상 7:4

이런 일들을 경험하기 전에는 하나님 자체가 아니라 하나님의 임재를 상징하는 언약궤를 부적처럼 떠받들던 그들이었다. 그런데 이제 본질이 회복되었다.

이 내용을 보면서 많은 생각을 했다. 그중 하나는 인간이 생각하는 절망의 순간에도 일하시는 하나님에 대한 것이다.

인간의 생각으로는 '이가봇'이다. 모든 것이 끝났다. 하나님의 영광도 끝났다. 시아버지도 죽고, 남편도 죽고, 내가 의지할 수 있는 모든 것들이 사라지고 하나님의 영광도 사라졌다. 그러나 내 인생이 끝났다고 생각하는 그 시간에도 하나님은 일하고 계신다. 이 부분을 묵상하면서 내가 발견한 두 가지를 함께 나누고 싶다.

관계를 원하시는 하나님

첫째, 자녀들과 관계를 맺기 원하시는 하나님의 심정을 발견할 수 있다. 마음은 주지 않고 임재의 상징인 언약궤를 요술 방망이나 부적처럼 생각하는 이스라엘 백성의 태도에 아파하시는 하나님, 이스라엘이 돌이키기를 바라시는 하나님의 간절한 마음이 전해진다.

이런 관점으로 사무엘서를 보면 '마음', 원어로는 '레브'라는 단어

가 유난히 많이 등장하는 것을 볼 수 있다. 원래 '레브'라는 단어의 일차적인 의미는 '심장'이라는 뜻이다. 그러므로 사무엘서에서 '마음'이라고 번역된 단어는 단순한 마음이 아니라 '보다 진실된 마음'을 의미하는 경우가 많다. 몇 구절 예를 들어보자.

먼저, 사무엘상 2장 35절에 '마음'이란 단어가 쓰였다.

내가 나를 위하여 충실한 제사장을 일으키리니 그 사람은 내 마음, 내 뜻대로 행할 것이라 삼상 2:35

사무엘상 7장 3절에는 두 번 등장한다.

사무엘이 이스라엘 온 족속에게 말하여 이르되 만일 너희가 전심으로 여호와께 돌아오려거든 이방 신들과 아스다롯을 너희 중에서 제거하고 너희 마음을 여호와께로 향하여 그만을 섬기라 그리하면 너희를 블레셋 사람의 손에서 건져내시리라 삼상 7:3

이 구절에서 '전심으로'라고 표현된 것이 '마음', 곧 '레브'이다. 그냥 돌아오는 게 아니다. 내 심장, 내 마음을 가지고 하나님 앞으로 나오는 태도가 '레브'이다. 뒤이어 나오는 "너희 마음을 여호와께로 향하여"의 '마음'도 '레브'이다.

신명기에서도 이 단어를 볼 수 있다.

네 하나님 여호와께서 네 마음과 네 자손의 마음에 할례를 베푸사 너로 마음을 다하며 뜻을 다하여 네 하나님 여호와를 사랑하게 하사 너로 생명을 얻게 하실 것이며 신 30:6

그저 육신에 행하는 할례가 아니라 마음에 할례를 베푸셔서 우리가 마음을 다해 하나님을 사랑하게 하신다는 말씀이다. 이 말씀들을 통해 우리 자신의 신앙생활에 뭔가 문제가 있다는 것을 자각할 수 있다면 좋겠다.

다윗은 '하나님의 마음에 맞는 자'라는 평가를 들었다.

폐하시고 다윗을 왕으로 세우시고 증언하여 이르시되 내가 이새의 아들 다윗을 만나니 내 마음에 맞는 사람이라 내 뜻을 다 이루리라 하시더니 행 13:22

하나님께서는 다른 사람의 아내를 범하는 치명적인 죄를 저지른 다윗을 왜 '마음에 맞는 자'라고 말씀하시는가? 비록 그가 중간에 큰 실수와 해서는 안 되는 과오를 저지르기는 했지만 다윗의 마음 중심이, 그 심장이 여호와 하나님을 향해 있었기 때문에 하나님은 그에게 "내 마음에 맞는 사람이라"라고 말씀해주실 뿐만 아니라 크나 큰 영광을 베풀어주셨다. 어떤 영광인가?

> 하나님이 약속하신 대로 이 사람의 후손에서 이스라엘을 위하여 구주를 세
> 우셨으니 곧 예수라 행 13:23

여기서 전해지는 하나님의 마음이 들리는가?

"네 마음을 다오. 그리고 하나님 임재의 상징인 언약궤를 요술방
망이로 쓸 게 아니라 하나님을 더 뜨겁고 진실하게 사랑하는 도구
로 사용해다오."

상황이 급해지면 우리는 기도를 부적처럼 사용한다. 수능시험이
다가오면 40일 동안 작정하고 부르짖고, 원하는 결과가 나오지 않
으면 기도해도 소용이 없다면서 원래대로 돌아가버린다. 우리의 신
앙생활이 이런 모습은 아닌가?

마음이 담긴 설교

나는 이 책의 근간이 되는 지난 가을 특새를 준비하면서 하나님
의 마음을 뼈저리게 느꼈다. 특히 첫날의 설교는 세상 말로 '기적 중
의 기적'이요, 신앙적인 용어로 '전적인 하나님의 은혜'였다.

보통 주일날 다섯 번의 예배를 인도하고 집에 돌아오면 온몸에
피곤이 몰려오기 시작해서 저녁을 먹고 난 이후부터는 머리가 진공

상태가 되어버린다. 그런 상태에서 설교 준비를 하는 건 거의 불가능에 가깝다. 아무것에도 집중이 안 된다. 그 여파가 다음날까지 이어져 월요일에는 머리도 아프고 눈도 아플 때가 많기 때문에, 월요일과 화요일에 있을 특새 설교를 미리 준비해두었다. 조금만 다듬으면 될 정도로 다 준비해두고는 주일 저녁에 잠자리에 들 준비를 마치고서 다음날 설교 원고를 읽어보았다.

사실 이번 특새 때 사무엘상을 본문으로 살펴보고자 한 것은, 한나라는 한 개인의 이야기에 초점을 맞추기보다는 사사기와 사무엘서의 관계, 한나가 겪고 있는 불임의 고통이 당시 이스라엘 전체 상황과 어떤 연관이 있는지 등과 같은 큰 그림을 그려보기 위해서였다.

그런데 마지막으로 원고를 검토하는 그 순간, 이미 준비해둔 특새 설교의 큰 뼈대를 고쳐야겠다는 생각이 들었다.

'특새에 참석하기 위해 새벽 2,3시부터 잠도 못 주무시고 나오는 성도들은 지금 한나처럼 결핍된 그 무엇 때문에 죽을 것 같은 절박한 마음으로 하나님께 응답 받기 위해 나오는 것 아닐까? 그런 분들에게 사사기 시대가 어떻고, 이스라엘 민족사가 어떻고 하는 큰 그림을 그려드리면, 그것이 마음에 와 닿을까?'

갑자기 이런 생각이 든 것이다. 하지만 하루 전날에, 그것도 모든 에너지가 고갈된 주일 저녁에 원고를 처음부터 고치는 일은 불가능에 가깝기 때문에 가능하면 이미 준비해둔 원고 그대로 설교하려고 애썼다. 행여나 마음 깊은 곳에서 더 좋은 말씀을 전하고자 하는, 그래서 말씀 주제를 바꾸어 새로 준비하고자 하는 마음이 올라올까 스스로를 억제하려고 노력했다.

'그래도 은혜 받을 거야. 분명히 은혜 받을 거야.'

그런데 그날 저녁, 내 마음이 이런 타협을 허락하지 않았다. 그래서 할 수 없이 다음날 새벽에 있을 첫날 설교를 다시 준비하기 시작했다. 그때 시간이 대략 저녁 7시쯤 되었으니, 몇 시간 후면 특새가 시작되는데 말도 안 되는 짓을 저지른(?) 것이다.

아마 사람들은 그 밤의 고통을 모를 것이다. 시간은 자꾸 가는데 머리는 아프고 식은땀이 흘렀다. 이게 보통 문제가 아닌 것이, 첫날 설교 방향을 틀어버렸으니 나머지 날들은 또 어떻게 진행할지 막막했다. 그리고 은혜를 받으러 몰려오는 성도들에게는 또 어떤 영향을 끼치게 될지 두려움이 밀려왔다.

이런저런 생각을 하며 말씀을 다시 정리하려고 늦은 시간까지 컴퓨터 모니터를 들여다보는데, 이미 체력이 고갈된 터라 도저히 집중이 안 되었다. 잠시 눈을 붙이려고 누웠다가 다시 일어났는데, 심장이 너무 뛰어 죽을 것 같았다.

그렇게 혼미한 밤을 보내고 특새 강단에 섰는데, 전혀 예상하지 못한 은혜가 부어져 전날 밤과 새벽에 아무런 일도 없었던 것처럼 설교를 할 수 있었다. 그리고 하나님께서 이렇게 저렇게 말씀을 풀어주시는데, 설교자인 나 스스로도 많이 놀랐다. 말할 수 없는 감사가 흘러나왔다.

이런 경험을 안겨준 첫날 새벽 설교는 나에게 감동을 뛰어넘어 전율을 주었다. 그러면서 새삼 깨달은 것은, 하나님께서는 설교자인 내가 좋은 자료를 참고해서 흠 없이 완벽하게 설교하는 것을 원하시는 것이 아니라, 성도들을 향한 사랑의 마음으로 설교하기를 원하신다는 것이다.

나의 생각과 설교 준비를 뛰어넘어 일하시는 하나님은 내게 마음의 준비를 원하셨다. 성도들을 사랑하는 마음, 성도들을 위하고자 하는 마음, 이 땅에서 결핍 때문에 한나처럼 힘들어하는 성도들을 말씀으로 위로해주고자 하는 마음을 원하시는 것이다. 그 마음 하나면 족하다.

하나님이 진짜 원하시는 것은 연약한 자들을 긍휼히 여기는 마음이다. 이스라엘 백성이 모든 종교적인 절차를 갖추고 언약궤까지 동원하는 과정을 밟았지만, 하나님께서는 마음이 담겨 있지 않은 거기서 영광을 받지 않으셨다. 우리는 이것을 기억해야 한다.

절망이 희망으로

둘째, 본문에서 발견되는 또 다른 교훈은 우리가 생각하는 절망적인 상황이 사실은 오히려 희망이 될 수 있다는 것이다.

지금 이스라엘 백성이 맞은 상황이야말로 완전한 '이가봇'이다. 그리고 엘리의 며느리 입장에서도 '이가봇'이었다. 당대의 대표적인 영적 인물로 능력을 발휘하던 시아버지가 죽었고, 남편도 죽었다. 며느리의 시각은 옳았다. 이스라엘에서 하나님의 영광은 떠났고, 절망이 왔다. 모든 것이 끝났다. 어떤 희망도 없었다. 인간의 시각으로는 제대로 보고 판단한 것이다.

그런데 이스라엘 백성이 '이제 끝났다. 우리에게 희망은 없다. 블레셋은 하나님보다 더 강하다. 우리 인생은 절망이다'라고 생각하고 있던 그 시간에 하나님께서는 블레셋에서 일하고 계셨다.

인생을 돌아보면 인생의 밤, 곧 이가봇의 상태에서 하나님을 만나고 경험하고 여기까지 온 사람들이 많다. 사람들은 지금 한국 교회가 이가봇의 상태라고 말한다. 맞는 이야기이다. 한국 교회에 희망이 없어 보인다. 말씀을 전하는 목회자들이 신뢰를 잃었으니, 그 말씀에 무슨 힘이 있겠는가? 편견과 선입견 속에서 혹은 우리의 실수와 실패 때문에 사회적으로 '저질'이라고 인식되어버린 한국 교회를 어떻게 회복시킬 수 있겠는가? 이가봇의 상황이다. 하나님의 영광이 떠난 것 같다.

그러나 우리가 놓쳐서는 안 될 한 가지가 있다. 인간적인 생각으로 완전히 희망이 사라져버린 이가봇의 상태에서도 하나님께서는 일하신다. 블레셋에서 일하셨던 것처럼 말이다.

특새 첫날 예배 전에 청년부에서 만든 특별영상을 보았는데, 영상 속에서 한 자매가 취업이 안 되어 힘들어하는 후배에게 해주었던 그 말 한 마디가 내 마음에 너무 와 닿았다.

"해가 뜨기 직전이 가장 어둡다고…, 지금 너한테 그 순간인 것 같아. 새벽이 오기 전 가장 어두운 순간. 그러니까 우리 함께 해볼까?"

우리가 잘 아는 요나의 이야기도 마찬가지 아닌가? 요나는 풍랑을 만나 죽을 고생을 했다.

여호와께서 큰 바람을 바다 위에 내리시매 바다 가운데에 큰 폭풍이 일어나 배가 거의 깨지게 된지라 욘 1:4

인간적인 눈으로 보자면 100퍼센트 절망의 상황이다. 심지어 나중에는 요나가 바다로 집어던져진다. 최악의 절망 아닌가? 완벽한 이가봇이다. 그렇지만 영안을 열고 봤더니, 절망의 이가봇은 변장하고 찾아온 하나님의 은혜였다. 니느웨로 가라는 하나님의 말씀에 노골적으로 거절하고 대들면서 정반대 방향인 다시스를 향해 가던 요나에게, 그 풍랑은 요나가 더 크게 변질되는 것을 막아주는 은혜였다.

스물세 살 때 나는 하나님을 향해 삿대질하고 분노하며 더 이상 하나님을 인정하지 않겠다고 울부짖었다. 젊은 시절, 이민 생활 초기의 눈물 젖은 시카고는 나에게 분명히 이가봇이었다. 그때 나는 무얼 해야 할지 알 수가 없었다. 한국에서 대학교 2학년만 마치고 이민 갔는데, 그 영어 실력으로 미국 대학 졸업은 꿈도 꿀 수 없었고, 또 학비를 대줄 사람도 없었다. 내 힘으로 돈 벌어가며 공부를 해야 했는데, 설상가상으로 취직도 잘 안되었다. 막노동처럼 몸으로 때우는 곳에 취직되어 일했지만 3일 만에 쫓겨나고, 4일 만에 쫓겨나는 일이 반복되었다. 겉으로 보기에는 그야말로 이가봇의 상황이었다. 나는 분노했다.

그런데 지난 세월을 정리해보니 내 생애 가운데 그때만큼 은혜인 시절이 없었다. 이런 보잘것없는 인간을 영광스럽게도 하나님의 말씀을 전하는 목회자의 자리에 세워주시려고 하나님이 일하고 계셨음을 내가 몰랐을 뿐이다.

우리가 생각하는 가장 큰 절망이 사실 변장하고 찾아온 복이 될 수 있고, 가장 큰 희망의 끈이 될 수 있음을 알아야 한다. 영안을 열고 볼 때, 그 절망은 그저 믿음의 주변만 맴돌고 있는 우리로 하여금 깊은 은혜의 자리로 들어가도록 만들어주는 통로가 된다.

슬픔이 변하여

《정글 북》으로 유명한 영국의 소설가이자 시인인 러디어드 키플링(Joseph Rudyard Kipling)이 쓴 〈If(만일)〉라는 시가 있다. 그 시의 일부분을 소개하고 싶다.

> 만일 꿈을 갖더라도
> 그 꿈의 노예가 되지 않을 수 있다면,
> 만일 어떤 생각을 하더라도
> 그 생각이 유일한 목표가 되지 않을 수 있다면,
> 인생 길에서 성공과 실패를 만나더라도
> 그 둘을 같은 것으로 받아들일 수 있다면,
> 세상은 너의 것이 되리라.

정반대의 선상에 놓여 있는 것 같은 성공과 실패를 어떻게 같은 것으로 받아들일 수 있을까? 언제 이것이 가능해지는가? 가장 절망적인 실패의 자리에 처했을 때에도 일하시는 하나님을 만날 때 가능해진다.

내 인생이 그랬다. 그렇기 때문에 이 시가 내게 무척 감동적으로 다가왔다. 내 인생을 반증해주는 내용이기 때문이다. 그렇다. 내 인생의 가장 깊은 절망이 가장 큰 희망의 씨앗이었고, 내 인생의 가장 큰 슬픔이 가장 큰 기쁨을 가져다주는 도구가 되어 아름다운 열매를 내었다.

불임이라는 결핍으로 흘렸던 한나의 눈물이 그녀로 하여금 사무엘이라는 위대한 아들을 얻을 수 있는 도구가 되었다. 만일 오늘 눈물을 흘리고 있다면, 그 절망의 눈물이 시대를 변화시킨 사무엘을 얻는 기쁨의 씨앗이 될 줄로 믿는다.

하나님은 우리가 우리 손에 들려주시는 떡 몇 조각이 아니라 하나님 그분을 보기 원하신다. 그분은 오늘도 말씀하신다.

"네 마음을 다오. 헌금 많이 안 해도 되고, 봉사 많이 안 해도 되니, 너의 힘든 삶의 그 자리에서 네 마음을 다오."

하나님과 마음이 통하는 우리가 되었으면 좋겠다. 우리의 마음을 그분께 드리고, 그분의 마음이 우리에게 전해지는 그 기쁜 교제가 우리 모두에게 온전히 회복되기를 간절히 바란다. 마음과 마음이 통하지 않으면 그것이 바로 가장 무서운 변질이고, 가장 무서운 타락이다. 이 깨달음이 우리 모두에게 있기를 바란다.

하나님 음성에 순종하니

○

하 나 님 이
일 하 신 다

3

PART

—

아이 사무엘이 점점 자라매 여호와와 사람들에게

은총을 더욱 받더라

—

삼상 2:26

chapter 7

갈수록 아름다운 인생

히브리어로 '토브'라는 단어는 영어로 '좋다(good)' 또는 '아름답다 (beautiful)'라는 의미이다. 성경에서 이 단어를 가장 먼저 사용한 분은 하나님이시다. 창세기에 보면 하나님께서 천지를 창조하시는 과정에서 첫째 날에도, 둘째 날에도, 셋째 날에도, 매일 한 사역을 마치실 때마다 던진 감탄사가 있다.

"빛이 하나님이 보시기에 좋았더라 하나님이 빛과 어둠을 나누사"(창 1:4).

"하나님이 뭍을 땅이라 부르시고 모인 물을 바다라 부르시니 하나님이 보시기에 좋았더라"(창 1:10).

"땅이 풀과 각기 종류대로 씨 맺는 채소와 각기 종류대로 씨 가진 열매 맺는 나무를 내니 하나님이 보시기에 좋았더라"(창 1:12).

이 외에도 "하나님이 보시기에 좋았더라"라는 말이 계속 나온다. 여기 나오는 "좋았더라"라는 하나님의 감탄사가 바로 '좋다'는 의미의 '토브'이다.

그런데 놀랍게도 어린 사무엘을 향해 이 단어가 쓰인다.

아이 사무엘이 점점 자라매 여호와와 사람들에게 은총을 더욱 받더라

삼상 2:26

이 구절의 '은총'이 '토브'이다. 사무엘이 하나님이 보시기에 좋고 아름다운 인생이라는 평가를 받은 것이다. 이런 평가를 받은 사무엘이 참 부럽다.

점점 더 아름다운 인생

본문을 가만히 살펴보면 눈에 띄는 두 가지가 있다. 먼저 사무엘이 하나님께 '아름다운 인생'이란 평가를 받았는데, 그 말과 함께 사용된 표현이 '점점 자라매'라는 말이다. 이것이 무엇을 말하는가? 갈수록 아름다운 인생이라는 말이다.

또 하나 발견할 수 있는 것은 "여호와와 사람들에게 은총을 더욱 받더라"라는 표현에서 알 수 있는 것처럼 사무엘이 하나님께 인정

받았을 뿐 아니라 주변 사람들에게도 인정을 받았다는 것이다. 이것이 참 중요하다.

누가복음 2장 52절에 보면 "예수는 지혜와 키가 자라가며 하나님과 사람에게 더욱 사랑스러워 가시더라"라고 했다. 우리가 하나님께 인정받는 것도 너무너무 소중하다. 하지만 만일 우리가 하나님께 인정받는 하나님의 사람이라면 주변 사람들에게도 그 아름다움을 인정받을 수 있어야 한다.

교회도 마찬가지이다. 성경에 나오는 초대교회는 내가 이민생활을 끝내고 한국에서 교회를 섬겨야겠다고 결단했을 때 하나님이 내게 주셨던 꿈이기도 하다.

날마다 마음을 같이하여 성전에 모이기를 힘쓰고 집에서 떡을 떼며 기쁨과 순전한 마음으로 음식을 먹고 행 2:46

상상만 해도 아름다운 공동체의 모습이 아닌가? 이처럼 교회 공동체 내부적으로 서로 사랑하고 기쁨으로 섬기는 모습을 완벽하게 구현해낸 것이 초대교회였다. 나는 이 아름다운 공동체의 모습을 구현해내고 싶었다.

이렇게 행한 초대교회에 어떤 일이 일어나는가? 그 다음 구절을 보자.

하나님을 찬미하며 또 온 백성에게 칭송을 받으니 주께서 구원 받는 사람을 날마다 더하게 하시니라 행 2:47

한국 교회의 아픈 부분이 이 부분 아닌가? 우리끼리는 잘 하는데, 안 믿는 사람들은 교회를 칭송하지 않는다. 어떻게 하면 회복할 수 있을까? 여기에 답이 있다.

"아이 사무엘이 점점 자라매."

우리 모두 사무엘처럼 올해보다 내년이 더 아름다워지는 인생을 꿈꾸면 좋겠다. 올해보다 내년이 더 아름다운 교회가 되었으면 좋겠다.

내 육신의 성장기는 오래전에 끝났다. 더 자라지 않는다. 그리고 내 외모가 앞으로 더 아름다워지지도 않을 것이다. 육신적으로는 이미 성장을 멈추고 오히려 퇴행하는 오십대 중반이지만, 여전히 주님 앞에서는 어린 사무엘처럼 점점 더 자라고 싶다. 시간이 가면 갈수록 우리의 영이 더 아름다워져서 하나님과 사람 앞에 그 아름다움을 인정받고 싶다.

돌아보면 십대 때의 나보다 이십대 때의 내가 더 아름다웠던 것 같다. 그리고 이십대보다는 삼십대가, 삼십대보다는 사십대, 사십대보다는 지금의 내가 훨씬 매력적이라고 생각한다. 외모를 말하는 게 아니다. 지금의 내면이 더 아름다워진 것 같다는 말이다.

어린 시절보다 용서의 폭이 더 넓어졌고, 용납의 폭도 더 넓어졌다. 앞에서도 언급했듯이, 사랑이 은사라는 것을 깨닫고 나자 누군가 나를 원망하고 내 마음을 상하게 하는 말을 해도 그 말이 다 "목사님, 사랑받고 싶어요, 관심 받고 싶어요"라는 아우성으로 들린다. 삼십대 때는 이런 일이 없었다.

나는 우리 모두가 하나님 앞에 이르는 그날까지 점점 자라길 바란다. 우리의 육신은 후패하지만 우리의 영혼은 하나님과 사람에게 갈수록 아름답다고 인정받는 주님의 자녀들이 되길 바란다.

하나님과 살아 있는 관계를 회복하라

그렇다면 사무엘이 어떻게 했기에 하나님께 그런 아름다운 삶이라고 평가받을 수 있었을까? 우리가 사무엘처럼 갈수록 아름다운 인생이 되려면 두 가지를 회복해야 한다.

첫째, 하나님과의 관계가 살아 있는 인생을 회복해야 한다. 이번에 사무엘상 2장과 3장을 다시 한 번 읽다가 발견한 게 몇 가지 있다. 그중에 어린 시절의 사무엘을 묘사하는 구절에서 찾은 공통점이 있다.

엘가나는 라마의 자기 집으로 돌아가고 그 아이는 제사장 엘리 앞에서 여호와를 섬기니라 삼상 2:11

사무엘은 어렸을 때에 세마포 에봇을 입고 여호와 앞에서 섬겼더라 삼상 2:18

여호와께서 한나를 돌보시사 그로 하여금 임신하여 세 아들과 두 딸을 낳게 하셨고 아이 사무엘은 여호와 앞에서 자라니라 삼상 2:21

아이 사무엘이 점점 자라매 여호와와 사람들에게 은총을 더욱 받더라 삼상 2:26

사무엘이 자라매 여호와께서 그와 함께 계셔서 삼상 3:19

여호와께서 실로에서 다시 나타나시되 여호와께서 실로에서 여호와의 말씀으로 사무엘에게 자기를 나타내시니라 삼상 3:21

이 구절들의 공통점은 "여호와 앞에서", "여호와를 섬기더라", "여호와 앞에서 자라니라", "여호와께서 그와 함께 계셔서", "여호와의 말씀으로 그에게 나타나시니라"에서 찾아볼 수 있다. 즉 사무엘이 갈수록 매력적이고 아름다운 사람이 될 수 있었던 것은 그가 어릴 때부터 하나님과 맺은 관계 때문이다. 그의 인생은 하나님과 동떨어진 것이 아니었다.

상반된 두 인생

사무엘상 2장과 3장에서 발견한 공통점이 하나 더 있다.

> 엘가나는 라마의 자기 집으로 돌아가고 그 아이는 제사장 엘리 앞에서 여호와를 섬기니라 엘리의 아들들은 행실이 나빠 여호와를 알지 못하더라
>
> 삼상 2:11,12

11절에 나오는 '그 아이'는 사무엘을 말한다. 그리고 12절에서는 사무엘과 엘리의 아들들을 대조하고 있다. 그 다음 17,18절을 보자.

> 이 소년들의 죄가 여호와 앞에 심히 큼은 그들이 여호와의 제사를 멸시함이었더라 사무엘은 어렸을 때에 세마포 에봇을 입고 여호와 앞에서 섬겼더라
>
> 삼상 2:17,18

여기서 말하는 '소년들'은 엘리의 두 아들들이다. 이들의 죄와 사무엘이 또 대조되고 있다. 계속해서 21,22절을 보자.

> 여호와께서 한나를 돌보시사 그로 하여금 임신하여 세 아들과 두 딸을 낳게 하셨고 아이 사무엘은 여호와 앞에서 자라니라 엘리가 매우 늙었더니 그의 아들들이 온 이스라엘에게 행한 모든 일과 회막 문에서 수종드는 여인들과

여기서도 사무엘과 엘리의 두 아들들이 대조되고 있다. 지금 성경은 사무엘상 2장과 3장이 전개되는 과정에서 의도적으로 사무엘과 엘리의 두 아들들을 비교하고 있다. 즉 모범이 되는 사무엘의 어린 시절과 절대 따르지 말아야 할 엘리의 두 아들, 홉니와 비느하스를 대조하는 구도로 가고 있는 것이다.

게다가 한나의 아들 사무엘과 엘리 제사장의 두 아들인 홉니와 비느하스 사이의 간격이 점점 더 벌어지는 게 느껴진다. 후에 두 아들은 회막 문에서 수종드는 여인들과 동침했다. 요즘으로 치면 교회에서 봉사하는 성도 혹은 사역자와 더불어 성적인 죄를 짓는 데까지 갔던 것이다.

이렇게 그 간극이 점점 벌어지다가 마지막엔 어떻게 되는가? 결국 엘리와 두 아들은 비참한 몰락의 길로 치달았고, 사무엘은 수천 년이 지난 오늘까지도 닮고 싶은 아름다운 인생으로 인정받는 복된 삶을 살았다. 우리의 자녀들은 결단코 엘리의 두 아들 홉니와 비느하스가 걸어갔던 길로 가지 않기를 바란다. 갈수록 추해지는 길, 갈수록 멸망의 길로 나아가는 인생이 되지 않기를 바란다.

간혹 학창시절 함께 신앙생활을 했던 친구를 몇 십 년 만에 만났다가 아픔을 느낄 때가 있다. 학창시절에는 분명히 나보다 더 믿음도 좋았고 하나님 앞에서 아름답게 신앙생활 하던 친구였는데, 오랜만에 만난 친구는 영적으로 피폐해진 모습으로 나타나는 경우이다. 이럴 때는 마음이 무너진다. 너무 안타깝기만 하다.

나는 철이 늦게 들었다. 그래서 중고등학교 때는 믿음도 없었고, 그저 여학생들과 노닥거리는 재미로 교회를 들락거렸다. 그런데 하나님의 은혜로 세월이 흐르면서 점점 더 아름다운 인생을 살게 되었다. 여전히 부족한 모습으로 살아가고 있지만, 내 삶의 궤도를 인도해주신 하나님께 정말 감사드린다.

우리의 삶이 어제보다 오늘이, 오늘보다 내일이 더 아름다운 인생이 되길 소원한다. 우리 자녀들도 홉니와 비느하스의 길이 아니라 사무엘의 궤도를 따라 살아가게 되길 바란다. 그러려면 어떻게 해야 할까?

가장 중요한 것이 하나님과 관계 맺는 법을 가르치는 것이다. 일상의 삶 속에서, 길을 걸어가면서, 성적이 갑자기 떨어졌을 때, 혹은 시험을 너무 잘 봤을 때, 갑작스런 난관에 부딪혔을 때 아이들이 본능적으로 하나님을 떠올리고, 그분을 의뢰하고, 그분께 도움을 구할 수 있도록 가르쳐야 한다. 그렇게 하나님과 살아 있는 관계를 맺는 법을 배운 자녀의 삶은 망가지지 않는다. 점점 더 아름다운 인생이 될 것이다. 그 은혜를 모두 받아 누리는 우리와 또 우리 가정이 되길 바란다.

말씀에 영향 받는 인생으로 살라

둘째로, 말씀에 영향을 받는 인생이 되어야 한다. 사무엘상 3장에서 당시 시대를 묘사한 두 구절이 참 인상적이다.

아이 사무엘이 엘리 앞에서 여호와를 섬길 때에는 여호와의 말씀이 희귀하여 이상이 흔히 보이지 않았더라 삼상 3:1

이 구절은 당시 시대 상황을 묘사하는 핵심적인 내용이다. 여호와의 말씀이 희귀하여 말씀이 들리지 않았다. 그런데 이에 반해 21절이 묘사하는 것을 보자.

여호와께서 실로에서 다시 나타나시되 여호와께서 실로에서 여호와의 말씀으로 사무엘에게 자기를 나타내시니라 삼상 3:21

말씀이 들리지 않던 영적 암흑기를 살아가던 어린 사무엘에게 하나님의 말씀이 들렸다. 이처럼 하나님이 말씀으로 나타나시는 은혜를 경험해야 갈수록 아름다워지는 인생이 된다.

사실 우리 시대가 얼마나 감사한 시대인가? 사무엘 시대는 하나님의 계시의 말씀인 성경이 주어지기 전이어서 하나님이 말씀 주시기를 얼마나 사모하고 갈망했는지 모른다. 그러나 이 시대에는 하나님의 말씀인 성경이 있다. 잠이 안 오는 깊은 밤이든, 이른 새벽이든, 마음이 울적할 때든 언제라도 하나님의 말씀을 들을 수 있는 시대인데, 우리가 말씀을 안 보는 것이다. 사무엘처럼 갈수록 아름다운 인생이 되기를 원한다면 말씀을 가까이해야 한다.

내가 자라던 시절만 해도 너무 가난하고 먹을 것이 없었다. 교회에서 전자 악기나 드럼 같은 건 찾아볼 수 없었다. 그저 풍금 반주가 다였다. 빔 프로젝트도, 영상 같은 것도 없었다. 주일학교에 가면 창호지 같은 데 찬양 가사를 써서 그것을 보며 불렀다. 그러나 그 시절을 생각하면 늘 감동이 되고 감사가 되는 게 바로 '성경'이었다. 성경을 얼마나 강조했는지 성경을 안 읽으면 먹지도 말라고 했다.

우리 부모님도 마찬가지였다. 부모님의 신앙교육을 한마디로 말하면 "No Bible, No breakfast(성경이 없으면 식사도 없다)"였다. 성경을 안 읽으면 밥을 먹지 못했다. 영의 양식도 안 먹는데 배고프다고 밥을 먹는 게 말이 안 된다는 것이었다. 그렇게 성경을 소중하게 여겼다.

나는 어렸을 때 하루에 5원씩 용돈을 받았다. 지금은 찾아볼 수 없는 단위의 돈인데, 그때도 5원은 그리 큰 돈이 아니었다. 눈깔사탕 다섯 개 정도 살 만한 돈이었는데, 그나마도 성경 한 구절을 암송해야만 받을 수 있었다. 암송을 못하면 용돈을 안 주셨다. 그래서 내 일상은 늘 짧은 성경구절을 찾는 거였다.

중고등부 시절에는 성경퀴즈대회도 굉장히 많았다. 성경퀴즈대회가 시작되면 일등을 해서 잘 보이고 싶은 마음에 학교에서도 성경 공부를 하곤 했다. 그런데 요즘에는 교회에서도 성경퀴즈대회를 찾아보기가 힘든 것 같다. 수능에도 안 나오는데 그걸 누가 공부하겠는가?

시대가 갈수록 점점 황폐해지고, 영적으로 피폐한 사람들이 점점 많이 나타나고 있는 것은 바로 우리가 이 정신을 잃어버렸기 때문이 아닐까?

"No Bible, No breakfast."

육신이 허기질 때 밥은 찾으면서 영혼의 허기를 채우는 성경은 왜 안 보는가? 나는 우리 교회가 특별새벽부흥회가 열리는 일주일 동안에는 은혜 받고 뒤집어지지만, 이후에는 기도도 안 하고 성경도 안 보는 이벤트성 교회가 되지 않기를 바란다. 우리의 일상에서 드려지는 매일의 예배, 그리고 하나님 앞에서 'No Bible, No breakfast'의 정신을 회복하는 은혜가 있기를 바란다.

말씀 안에서 자녀를 가르치지 않았더니

사무엘상을 쭉 읽다가 발견한 몇 가지 무서운 교훈이 있다. 그중 하나가 엘리 제사장이 범한 두 가지 잘못에 대한 것이다. 먼저 그는 제사장으로서 자기의 역할을 제대로 감당하지 못했다. 그는 무기력하고 무능한 제사장이었다. 요즘으로 치면 담임목사로서 무기력하기 짝이 없는 사역을 한 것이다. 성경이 지적하는 또 하나의 잘못은 자식 교육을 잘못 시킨 것이다.

그런데 엘리가 범한 이 두 가지 잘못 중에서 하나님이 더 무섭게 추궁하시는 것은 자녀 교육에 관한 부분이었다. 이 관점으로 사무엘상을 한번 읽어보라. 하나님의 책망의 초점은 그가 얼마나 목회를 잘못했느냐 하는 것보다 자녀를 제대로 가르치지 못하고 잘못 교육시킨 것에 있음을 볼 수 있다.

나는 이 말씀이 두렵다. 분당우리교회에서 목회를 잘 하는 것보다 하나님이 더 원하시는 것은 가정의 세 아이를 잘 양육하는 것이다. 이런 생각을 하고 있는데, 교회 홈페이지에 감동이 되는 글 하나가 올라와 있었다. 전라도 광주 근처에서 군 복무 중인 한 형제가 올린 글인데, 특별새벽부흥회에 참석하고 싶어서 휴가를 내고 왔다는 것이다. 그의 글을 잠깐 보자.

2년 만의 특새였습니다. 작년 7월에 입대한 까닭에 작년 가을 특새에는 참석할 수 없었습니다. 군 복무 동안 세상에 침몰당하지 않기 위해 애쓰고 애쓰다가 결국 영적 탈진이 오게 되었습니다. 그러던 중 알고 지내던 목사님과 전도사님, 간사님께 백방으로 접촉하여 가을 특새 일정을 알게 되었고, 무작정 휴가 일정을 써냈습니다. 그러고는 그렇게 오고 싶었던 교회에 오게 되었습니다. 첫날, 넘치는 감격으로 예배를 드렸고, 이전부터 부어 있던 손목의 아픔이 하루하루 지나갈수록 사라져 가는 놀라운 은혜를 경험하는 시간을 보냈습니다.

특별 휴가를 통해 특새에 참석한 기쁨과 더불어, 끝까지 참석하지 못하고 부대로 복귀해야 하는 애틋함과 아쉬움으로 가득한 글이었다. 이 글을 읽는데 마음이 뭉클해졌다. 그리고 너무 안타까웠다.

나는 게시판에 올려진 그 글을 읽고는 전화를 걸어 그 청년에게 위로와 격려를 전했다. 그리고 전화를 통해 그 청년의 마음속 고민을 들었다.

믿음이 있으셨던 그의 어머니는 믿지 않는 남편을 만나 결혼하면서 많은 괴로움을 겪으셨다고 한다. 최근에도 신앙 문제로 집안이 어려움을 겪게 되면서 친척들과의 관계에서도 고통을 당하셨다. 그런 어머니의 모습을 보면서 청년은 괴로워하고 있었다.

청년의 이야기를 듣는 내내 내 마음에 두 가지 생각이 교차했다. 그 청년이 너무 안쓰러운 한편, 청년의 어머니가 너무 존경스러웠다. 그렇게 핍박하는 남편과 시댁 앞에서도 아들을 사무엘처럼 믿음으로 잘 기르신 그 어머니가 정말 부러웠다.

자녀를 믿음으로 양육하는 것은 하나님의 명령이자 우리 자녀의 인생이 갈수록 아름다운 인생을 살아가도록 돕는 최고의 선물이다. 오늘날 이 시대의 한나로 살아가는 수많은 부모들에게 하나님의 은혜가 있기를 바란다. 그래서 우리의 삶이, 우리 자녀들의 삶이 날마다 더 아름다워지고 풍요로워지는 인생이 되기를 간절히 바란다.

사무엘이 이스라엘 온 족속에게 말하여 이르
되 만일 너희가 전심으로 여호와께 돌아오려
거든 이방 신들과 아스다롯을 너희 중에서 제
거하고 너희 마음을 여호와께로 향하여 그만
을 섬기라 그리하면 너희를 블레셋 사람의 손
에서 건져내시리라 이에 이스라엘 자손이 바알
들과 아스다롯을 제거하고 여호와만 섬기니라

삼상 7:3,4

chapter 8

한나처럼 기도하면
사무엘로 응답받는다

한나에 대해 묵상하고 그 삶에 대해 조명해보는 시간을 갖다가 불쑥 떠오른 성경구절이 하나 있다. 바로 시편 15편 말씀이다. 이 시편은 이렇게 시작한다.

여호와여 주의 장막에 머무를 자 누구오며 주의 성산에 사는 자 누구오니이까 시 15:1

그러고는 2절에서부터 그 자격 조건에 대하여 열거한다.

정직하게 행하며 공의를 실천하며 그의 마음에 진실을 말하며 그의 혀로

남을 허물하지 아니하고 그의 이웃에게 악을 행하지 아니하며 그의 이웃을

비방하지 아니하며 그의 눈은 망령된 자를 멸시하며 여호와를 두려워하는

자들을 존대하며 그의 마음에 서원한 것은 해로울지라도 변하지 아니하며

이자를 받으려고 돈을 꾸어 주지 아니하며 뇌물을 받고 무죄한 자를 해하

지 아니하는 자이니 이런 일을 행하는 자는 영원히 흔들리지 아니하리이다

시 15:2-5

이처럼 시편 15편은 크리스천들이 흔들리지 않는 삶을 살기 위하

여, 하나님과 더불어 교통하고 교제하며 풍성한 영적 삶을 누리기

위하여 애쓰고 노력해야 할 덕목들이 담겨 있는 말씀이다. 그중에서

도 이 말씀이 불쑥 떠오른 이유는 4절 때문이다.

그의 마음에 서원한 것은 해로울지라도 변하지 아니하며 시 15:4

영원히 흔들리지 않는 반석 같은 인생, 하나님과 더불어 교통하

고 교제하며 아름다운 삶을 누리는 자들이 가져야 할 중요한 덕목

중의 하나가 바로 '마음에 서원한 것은 해로울지라도 지키려고 애

쓰는 마음의 태도'라는 말이다.

살아가다 보면 시간 약속 같은 사소한 것부터 크고 작은 약속들

을 많이 하게 된다. 하나님 앞에 드리는 약속도 있고, 사람 앞에 하

는 약속도 있다. 부부 간이나 자녀와의 관계도 다 약속으로 이루어
진다. 그렇기에 약속을 지키는 것은 참 중요한 덕목이다.

한나의 약속

이런 면에서 한나는 귀한 덕목을 가지고 있었다. 아기를 갖지 못
하는 가슴 아픈 상황에서 그녀는 절박하게 하나님께 약속을 드린다.

> 서원하여 이르되 만군의 여호와여 만일 주의 여종의 고통을 돌보시고 나
> 를 기억하사 주의 여종을 잊지 아니하시고 주의 여종에게 아들을 주시면
> 내가 그의 평생에 그를 여호와께 드리고 삭도를 그의 머리에 대지 아니하
> 겠나이다 삼상 1:11

한나가 다급한 마음에 한 약속이라고 생각할 수도 있다. 그렇다
면 하나님으로부터 귀한 아들 사무엘을 선물로 받은 이후 한나의
태도를 보자.

> 한나가 이르되 내 주여 당신의 사심으로 맹세하나이다 나는 여기서 내 주
> 당신 곁에 서서 여호와께 기도하던 여자라 이 아이를 위하여 내가 기도하였
> 더니 내가 구하여 기도한 바를 여호와께서 내게 허락하신지라 삼상 1:26,27

한나는 자기가 하나님 앞에 약속을 드렸고, 그 기도에 응답을 받았다고 말한다.

> 그러므로 나도 그를 여호와께 드리되 그의 평생을 여호와께 드리나이다 하고 그가 거기서 여호와께 경배하니라 삼상 1:28

너무나 아름다운 모습이다. 급할 때는 하나님 앞에 다 드릴 것처럼 말해놓고 응답 받으면 마음이 달라지는 게 죄성을 가진 우리 인간의 연약한 모습이다. 그러나 한나는 그러지 않았다. 이것이 바로 시편 15편에서 말씀하시는 "마음에 서원한 것은 해로울지라도 변하지 아니하며"라는 마음의 태도이다. 그래서 한나가 하나님 앞에 은혜를 누린 것이다.

약속을 소중히 여기는 태도

나는 아이들에게 비록 그것이 아주 작고 사소한 것이라 할지라도 자기가 한 약속은 꼭 지켜야 한다고 강조한다. 예를 들어 저녁에 공부를 안 하고 있어서 "공부해야지" 하면, 아이가 "내일 새벽에 일어나서 공부하겠습니다"라고 말할 때가 있다. 지금 공부하기 싫으니 둘러대는 말이다. 그럴 때면 나는 그 순간을 놓치지 않고 강조한다.

"지금 네가 한 약속이 순간적으로 위기를 모면하기 위해 튀어나온 말이면 옳지 않다. 어떤 말이든지 네가 지킬 수 있는 것에 대해서만 약속해야 해."

그리고 다른 실수나 잘못은 거의 그냥 넘어갈 때가 많지만 시간 약속을 포함해 약속을 안 지키는 것은 따끔하게 야단을 치는 편이다. 약속을 지키는 태도가 얼마나 중요한지를 가르쳐야 하기 때문이다.

예수 잘 믿는다고 하면서 다른 사람과의 약속을 얼렁뚱땅 넘어가버린다면 이는 성숙한 크리스천의 모습이 아니다. 하나님에게나 사람에게나 "저 사람은 크리스천이라서 말하면 지킨다"라는 신뢰를 얻어야 한다.

그의 마음에 서원한 것은 해로울지라도 변하지 아니하며 시 15:4

우리는 한나에게서 이 모습을 배워야 한다. 약속을 지키는 문제는 사람 사이의 신의의 문제, 윤리적인 문제이기도 하지만, 그 이전에 하나님과의 영적인 문제이다. 사람에게, 또 하나님에게 식언하지 않아야 한다. 우리 하나님은 식언하시는 분이 아니다. 이런 점에서 우리는 자기 자신을 돌아보고 반성해야 한다. 한 번 약속했으면 그것을 지키기 위해 몸부림치는 신실함이 우리에게 있어야 한다.

한나가 지켰던 두 가지 약속

그러면 한나는 하나님과 어떤 약속을 지키려고 애썼을까? 특별히 한나가 성실히 지킨 약속의 두 가지 축을 살펴보자.

첫째로, 한나는 어린 사무엘을 실로로 떠나보냈다.

젖을 뗀 후에 그를 데리고 올라갈새 수소 세 마리와 밀가루 한 에바와 포도주 한 가죽부대를 가지고 실로 여호와의 집에 나아갔는데 아이가 어리더라 그들이 수소를 잡고 아이를 데리고 엘리에게 가서 삼상 1:24,25

엘가나는 라마의 자기 집으로 돌아가고 그 아이는 제사장 엘리 앞에서 여호와를 섬기니라 삼상 2:11

이것이 한나가 지켰던 약속의 한 축이다.

둘째로, 한나는 자기 아들 사무엘을 위하여 매년 겉옷을 지어주는 정성을 보였다.

그의 어머니가 매년 드리는 제사를 드리러 그의 남편과 함께 올라갈 때마다 작은 겉옷을 지어다가 그에게 주었더니 삼상 2:19

이 표현은 한나가 아들 사무엘에게 일상적으로 입고 다니는 외투 같은 것을 지어주었다는 뜻이 아니다. 출애굽기 28장 4절을 보면 아론이 제사장 직분을 수행할 때 입던 옷들이 열거되는데, 그중에 여기에 언급된 '겉옷'과 같은 의미의 단어가 나온다.

즉, 한나가 사무엘에게 지어준 겉옷은 하나님께 드린 아들이 어릴 때부터 제사장으로 잘 훈련되도록, 그래서 하나님께 귀히 쓰이는 제사장이 되라는 마음을 아들에게 표현하는 행위였다.

나는 여기서 자녀 교육과 관련된 소중한 두 가지 균형을 배운다. 하나는 어떻게든 내 지식으로 자녀를 키워보겠다고 안달복달하는 태도를 내려놓고 한나처럼 영적으로 아이를 떠나보내야 한다는 것이다.

최근 들어 이것을 못하는 사람들이 점점 많아지고 있다. 심지어 '헬리콥터 맘'이라는 말도 생겼다. 평생 자녀의 주위를 맴돌며 자녀를 과잉보호하는 엄마를 가리키는 말이다. 자녀가 결혼을 하고 새로운 가정을 이루어도 떠나보내지 못한다. 하지만 우리는 자녀를 떠나보내야 한다. 영적인 실로로 보내야 한다. 내가 끼고 있다고 잘되는 것이 아니다.

자녀는 우리의 스승

우리는 자녀를 양육하면서 하나님의 마음을 많이 배우게 된다. 그 과정을 통해 자녀의 믿음뿐만 아니라 내 믿음이 자라는 걸 보게 된다. 나는 결혼을 늦게 했다. 그래서 교회를 개척할 때는 막내가 겨우 세 살이었고, 그 위로 다섯 살, 여덟 살 아이가 있었다.

개척 초기에는 일이 얼마나 많았는지 모른다. 새벽기도 인도부터 시작해서 수요예배, 금요예배, 주일예배를 모두 나 혼자 인도해야 했다. 그러니 눈만 뜨면 설교 준비 하고, 심방을 갔다. 점심 먹는 시간이 아까워서 '누가 두 알만 먹으면 영양도 채워지고 배도 부른 알약 같은 걸 만들어줬으면 좋겠다'고 생각했다.

그렇게 하루 종일 설교 준비에, 심방에, 사역에 파김치가 되어 집에 들어가면 세 살 막내부터 여덟 살 큰아이까지 놀아달라고 내 팔다리를 붙잡고 늘어졌다. 그 다음 날 새벽기도 설교 준비를 해야 했기 때문에 그런 아이들을 뒤로 하고 방문을 걸어 잠그고 설교를 준비하곤 했다. 그때는 아이들에게 미안하기도 하고 아이들이 부담스럽기도 했다.

하지만 지금 생각하면 자녀를 기르면서 얻은 행복과 유익이 참 많다. 내가 아버지가 되어보니 깨달아지는 게 많았고, 하나님 아버지의 마음을 많이 알아가게 되었다. 하나님을 왜 '아버지'라고 부르게 하셨는지도 알 것 같았다.

'우리 하나님도 자식으로서 나에게 이런 걸 섭섭해 하시겠지? 하나님이 자녀인 내가 이렇게 하는 걸 보면 참 기뻐하시겠다.'

자녀들과 시간을 보내면서 이런 생각들을 종종 하게 됐다. 예를 들면 이런 것들이다. 우리 집 세 아이들 중에서 첫째가 정이 제일 많다. 사랑 표현도 첫째가 가장 적극적이다. 그 아이는 종종 이렇게 말한다.

"아빠, 저는 아빠가 제 아빠인 것이 너무 감사해요."

이런 이야기를 들으면 얼마나 고마운지 모른다. 최근에도 큰 아이가 이런 말을 했다.

"저는 아빠가 진심으로 존경스러워요."

기분이 좋으면서도 짐짓 이렇게 물었다.

"너 용돈 필요하니?"

하지만 큰아이는 용돈 때문에 그런 말을 하는 게 아니었다. 내가 힘들게 애쓴다는 걸 느끼는지 나를 많이 위로해주려고 한다. 그 마음이 얼마나 대견하고 고마운지 모른다.

큰아이에게 정말 고마웠던 기억이 또 있다. 어느 날, 무슨 일인지는 모르겠지만 늦은 밤에 큰아이가 막내 동생을 방으로 데리고 들어가 심각한 이야기를 나누는 것을 보았다. 부모라고 끼어들면 안 될 것 같아서 그냥 두고 보았더니, 인생을 논하는 것 같았다. 가만히 들어보니, 지금 한창 사춘기를 지나고 있는 막내 동생에게 큰누나로서 "세상을 그렇게 살면 안 된다" 하며 훈계를 하고 있었다.

나중에 막내아이의 말을 들어보니까 우리가 잠든 이후에도 밤늦게까지 오랜 시간 대화를 나눴는데, 그날 밤이 너무 유익했다고 했다. 누나가 자기를 위해 눈물을 흘리면서 권면해주었다고 하면서, 아빠가 할 때는 잔소리로만 들리던 말이 누나가 할 때는 마음에 쏙쏙 와 닿았다고 했다. 이 녀석이 제 누나에게 감동을 받은 것이다.

큰 아이는 평소에도 내게 애정 표현을 잘하고 용돈을 아껴 내가 좋아하는 아이스크림을 사다주는 고마운 아이였지만, 그날만큼 고마웠던 적이 없었다. 그러면서 하나님의 마음을 또 하나 깨달았다. 하나님은 우리가 헌금 많이 드리고 봉사 많이 하는 것들도 기뻐하시지만, 그보다 성도들이 서로 사랑하고 권면하며 사이좋게 지내는 것을 참 기뻐하시겠구나 하는 것이다.

이것을 깨닫고 나자 하나님을 사랑하는 마음으로 아내를 더 사랑하게 되었다. 아내를 용납하고 용서하고 사랑하는 행위가 하나님께 행하는 거룩한 행위가 되기 때문이다. 어떻게 하면 성도들에게 정말 좋은 말씀을 전할 수 있을까 하는 애절한 마음을 가지는 것, 성도들을 위하는 마음이 곧 하나님께 영광이 된다는 것 역시 자녀를 키우면서 얻은 깨달음이다.

온전한 맡김을 배우는 통로

자녀를 키우면서 얻게 된 유익이 한 가지 더 있다. 우리가 자식을 키우는 과정에서 '하나님께 위임한다'라는 것이 무엇인지를 배워간다는 것이다.

나도 젊은 시절에 아이를 보며 안달복달하던 적이 있었다. 목회자 가정인 우리 집에서 아이가 반듯하게 잘 자라는 것을 성도들에게 보여줘야 한다는 의무감 때문이었다. 그러다보니 마음의 부담도 컸다. 그러나 지금은 그렇게 하지 않는다.

자녀야말로 하나님께서 맡겨주신 선물이고, 이 아이의 아버지 되시는 하나님께 위임해드리는 것이 가장 큰 가정교육임을 깨닫게 되었기 때문이다.

오늘 있다가 내일 아궁이에 던져지는 들풀도 하나님이 이렇게 입히시거든 하물며 너희일까보냐 마 6:30

나에게는 이 말씀의 끝부분이 "너희 자식일까보냐"라고 읽혔다. 오늘 있다가 내일 아궁이에 던져질 들풀도 입히시고, 이름 없는 새 한 마리도 함부로 떨어뜨리지 않으시는 하나님이 우리 자식을 제대로 인도하지 못하실까봐 그렇게 안달복달하느냐고 말씀하시는 것 같았다.

너희가 악할지라도 좋은 것을 자식에게 줄 줄 알거든 하물며 너희 하늘 아버지께서 구하는 자에게 성령을 주시지 않겠느냐 하시니라 눅 11:13

나는 매일 강단에서 "성령 충만하십시오. 하나님을 의지하십시오"라고 설교하는 목사이다. 하지만 예전의 나에게는 성령님이 우리 아이들을 인도해주실 것이라는 믿음이 없었다. 그러나 하나님께서 우리 자녀들을 인도해주실 거란 완전한 확신이 생기자 아이들을 바라보는 내 태도가 완전히 달라졌다. 공부 좀 안 해도, 성적 좀 안 나와도 그냥 내버려두었다.

우리 부모들은 기억해야 한다. 하나님 앞에서 아이를 실로로 떠나보내야 한다. 우리의 어린 시절을 돌아보라. 우리는 지금처럼 많은 배려를 받으며 자라지 못했다. 교육 전문가가 시마다 때마다 맞춤 교육을 제시해주지도 않았고, 장난감이나 학습도구들도 지금과 비교하면 초라하기 그지없었다.

그런데다 나 같은 경우는 막내로 자라 철이 참 늦게 들었다. 스스로도 '이래서 내가 뭐가 되겠나?' 생각했을 만큼 한심했다. 그런데 때가 되자 철 다 들고, 지금 이렇게 하나님께 쓰임 받으며 살아가고 있지 않은가.

혹 지금 자녀를 품에 끼고 안달복달하며 염려로 가득 차 있는 부모가 있는가? 그렇다면 성령께서 은혜를 주셔서 한나처럼 자녀를 영적인 실로로 보내는 결단이 있기를 바란다.

이것을 못해서 자녀를 고생시켰던 엄마가 구약에 나온다. 야곱의 엄마 리브가이다. 하나님은 리브가가 야곱을 낳을 때 분명한 약속의 말씀을 주셨다. 그런데 리브가는 그 말씀은 저 멀리 두고 당장 눈에 보이는 것을 바라보았다. 야곱이 사내답지도 못하고 만날 아버지에게 꾸지람이나 듣고 부실하니까 야곱 뒤에서 장자권을 탈취하도록 사주했다.

그래서 결국 어떻게 되었는가? 야곱은 야반도주의 길에 올라야 했다. 안 해도 되는 고생을 엄마가 시키게 된 셈이다.

이것이 오늘 한국의 수많은 엄마들의 모습 아닌가. 아이들을 달달 볶지 않아도 때가 되면 성장하고, 때가 되면 하나님이 인도해주신다는 믿음이 있어야 리브가처럼 아들을 고생시키지 않는다. 이런 면에서 우리가 한나에게 배울 게 많다.

한나는 아들 때문에 안달복달하지 않았다. 오히려 과감하게 막 젖을 뗀 어린아이를 실로로 떠나보냈다. 그리고 매년 지극정성으로 사무엘을 위한 의복을 지어다주면서 그 아들을 위해 간절히 기도했을 것이다. 이런 어머니의 기도와 믿음 덕분에 사무엘은 어릴 때부터 잘 자랐고, 그 시대에 정말 아름답게 쓰임 받았다. 우리의 자녀들이 다 부모의 믿음과 기도로 아름답게 자라나는 은혜를 누리기 바란다.

자녀를 향한 기도의 열매

한나의 기도의 열매는 어떻게 나타났는가? 사무엘이 그 시대에 얼마나 아름답게 쓰임 받았는지 한번 살펴보자.

첫째로, 사무엘은 타락했던 사사 시대와 다윗 왕 시대 사이의 가교 역할을 잘 감당했다. 이는 사무엘이 감당한 가장 훌륭한 일이기도 하다.

> 그 후에 선지자 사무엘 때까지 사사를 주셨더니 그 후에 그들이 왕을 구하거늘 하나님이 베냐민 지파 사람 기스의 아들 사울을 사십 년간 주셨다가 폐하시고 다윗을 왕으로 세우시고 증언하여 이르시되 내가 이새의 아들 다윗을 만나니 내 마음에 맞는 사람이라 내 뜻을 다 이루리라 하시더니 행 13:20-22

사무엘은 사사 시대부터 사울 왕 시대를 거쳐 다윗 왕 시대까지 아우르는 지도자였다. 정치적으로 과도기를 거칠 때 그 사회가 얼마나 혼란스러웠겠는가? 그런 시기에 사무엘은 자신에게 주어진 역할을 너무나 잘 감당했다.

둘째로, 기능적으로 자기에게 맡겨진 역할을 잘 감당했던 사무엘은 영적, 심정적 측면에서도 하나님께 충성했다. 그는 하나님의 마음을 한 번도 잃지 않았다. 변치 않은 중심을 견지한 인물이었다는 것이다.

> 사무엘이 이스라엘 온 족속에게 말하여 이르되 만일 너희가 전심으로 여호

와께 돌아오려거든 이방 신들과 아스다롯을 너희 중에서 제거하고 너희 마음을 여호와께로 향하여 그만을 섬기라 그리하면 너희를 블레셋 사람의 손에서 건져내시리라 삼상 7:3

사무엘은 백성에게 형식적인 종교 생활을 하지 말고 '마음'을 여호와께로 향하여 섬기라고 말한다. 앞에서도 언급했지만, '마음'은 원어로 볼 때 '심장'을 가리킨다. 하나님께 심장을 드리라는 말씀이다. 사무엘은 이런 권면을 통해 다른 사람을 가르치기만 한 것이 아니라 실제로 자기의 삶을 이렇게 산 사람이다.

사무엘에게서 볼 수 있는 귀한 모습은, 그가 정치적 과도기에 그처럼 큰 역할을 행함으로써 백성이 많이 따름에도 불구하고 한 번도 자기가 직접 왕 노릇 하겠다며 자기 궤도를 이탈해본 적이 없다는 것이다. 사무엘은 한 번도 욕심을 내본 적이 없다. 정말 귀한 모습이다.

광야의 소리와 같이

이 모습은 예수 그리스도를 예비했던 세례 요한과 똑같이 닮았다. 세례 요한도 예수 그리스도를 예비하는 역할을 감당하면서 한 번도 그 이상의 것을 탐한 적이 없다.

> 요한이 드러내어 말하고 숨기지 아니하니 드러내어 하는 말이 나는 그리스도가 아니라 한대 요 1:20

정말 귀한 모습이다. 나 역시 이런 모습을 닮고 싶다. 내가 견지하는 여러 목회 지침 중 하나가 세례 요한이 말했던 '광야의 소리론'이다.

> 이르되 나는 선지자 이사야의 말과 같이 주의 길을 곧게 하라고 광야에서 외치는 자의 소리로라 하니라 요 1:23

소리는 주인의 의사를 전달하고 나면 조용히 사라져버린다. 의사 전달을 하고서도 없어지지 않으려고 애쓰는 건 '에코'이다. 그래서 음향 전문가들이 방송할 때 제일 신경 쓰는 것도 에코를 죽이는 일이다.

분당우리교회는 체육관에서 예배를 드리기 때문에 예배를 드릴 때마다 에코를 잡느라 음향 봉사 전문가들이 얼마나 수고하는지 모른다. 이미 자기 의사가 전해졌고 주인은 그 다음 말을 하고 싶은데 소리가 죽지 않고 맴돌고 있으니 다음 의사가 전달이 잘 안 된다. 우리는 체육관의 에코를 잡는 것처럼 우리 마음의 에코도 잡아야 한다.

내 인생이 오십대에 들어 인생의 후반전에 진입하고 난 후부터는 '광야의 소리론'을 진지하게 내 마음에 담기 시작했다. 그래서 늘 이렇게 기도한다.

"하나님, 제가 광야의 소리가 되기 원합니다. 제가 하나님 아버지의 스피커가 되어 하나님이 원하실 때 소리로 하나님의 뜻을 전달하는 역할을 감당하기 원합니다. 그리고 제 역할이 끝나면 미련 없이, 소리 없이 사라지기를 원합니다."

가끔은 은퇴식도 안 하고 주일 마지막 설교를 끝으로 조용히 사라지면 어떨까 하는 생각도 한다. 그러기 위해 지금부터 기도하는 것이다. 정말로 광야의 소리가 되기를 하나님 앞에 구한다.

광야의 소리가 되기를 구하기 시작하면서부터 내 안에 많은 변화가 일어났다. 나에 대한 주변 사람들의 평가에 무덤덤해지기 시작했다.

'어차피 나는 내 역할을 다 감당하고 나면 사라질 소리이다. 그러니 세상 사람들의 칭찬이나 평가가 무슨 소용이겠는가?'

이렇게 생각하니 마음이 비워졌다. 그저 하나님이 내게 맡기신 소리의 역할을 잘 감당하면 그것으로 족한 일이다.

욕심을 경계하라

우리가 세례 요한이나 사무엘에게 배워야 할 것이 무엇인가? 하나님이 정하신 그 이상의 것을 탐내지 않는 것이다. 사무엘은 절대로 왕이 되고자 하는 생각을 품지 않았다. 자기 자리를 잘 지켰다. 세례 요한 역시 자기는 오실 메시아가 아니라고 분명히 선언했다. 이것이 그 인생의 행복이 된다.

내가 두려워하는 성경 구절이 있다. 그 구절에는 비참한 인물이 등장한다.

> 헤롯이 날을 택하여 왕복을 입고 단상에 앉아 백성에게 연설하니 백성들이 크게 부르되 이것은 신의 소리요 사람의 소리가 아니라 하거늘 헤롯이 영광을 하나님께로 돌리지 아니하므로 주의 사자가 곧 치니 벌레에게 먹혀 죽으니라 행 12:21-23

피조물로서 자기 위치를 지키지 않는 사람의 마지막이 얼마나 비참해질 수 있는가에 대해 우리에게 경고로 주시는 말씀이다. 나는 이렇게 비참한 마지막을 맞고 싶지 않다. 그러면 어떻게 해야 하는가? 피조물로서 우리의 자리를 잘 지켜야 한다. 하나님의 궤도를 이탈하여 내 멋대로 폭주하지 말아야 한다. 하나님이 주신 것 이상의 것을 탐하는 욕심을 내려놓아야 한다.

그래서 왕이 되기를 탐하지 않았던 사무엘처럼, 광야의 소리로서 하나님께만 영광 돌렸던 세례 요한처럼 하나님이 맡기신 사명을 감당하는 것을 인생의 기쁨으로 여기는 우리 모두가 되었으면 좋겠다. 그래서 우리가 다 헤롯의 길이 아닌 사무엘의 길로, 세례 요한의 길로 나아가게 되기를 기도한다.

그러므로 이스라엘의 하나님 나 여호와가 말하
노라 내가 전에 네 집과 네 조상의 집이 내 앞
에 영원히 행하리라 하였으나 이제 나 여호
와가 말하노니 결단코 그렇게 하지 아니하리
라 나를 존중히 여기는 자를 내가 존중히 여
기고 나를 멸시하는 자를 내가 경멸하리라

삼상 2:30

chapter 9

하나님을 높이는 인생은
실패하지 않는다

어느 마을에 아주 어릴 때부터 '개똥이'라고 불리던 푸줏간 주인이 있었다. 어느 날 잘 차려입은 양반이 그 푸줏간으로 들어오더니 이렇게 소리를 질렀다.

"야, 개똥아. 고기 한 근 줘 봐."

푸줏간 주인이 고기를 썰고 있는데, 이번에는 옷은 남루하지만 기품이 있어 보이는 또 다른 양반이 들어와 점잖게 주문을 했다.

"여보게 박 서방, 고기 한 근 주시게나."

푸줏간 주인은 곧 두 사람 모두에게 고기를 건넸다. 그런데 먼저 주문한 양반이 가만히 보니 둘 다 똑같이 한 근씩 주문했는데 두 번째 손님의 고기가 자기 것보다 훨씬 많았다. 화가 난 그가 버럭

소리를 지르며 따져 물었다.

"이놈아, 똑같이 한 근을 주문했는데 왜 내 한 근은 쥐똥만하고 저 양반 한 근은 저리도 많으냐?"

그랬더니 푸줏간 주인이 무뚝뚝한 소리로 이렇게 대답했다.

"나리의 고기는 개똥이가 썬 것이고, 저쪽 나리의 고기는 박 서방이 썬 것이라 그렇습니다."

어느 칼럼에서 읽은 글이다. 이 글이 무엇을 말하려는 것일까? 양반이나 상놈이나 할 것 없이 자신의 존재를 무시당하고 싶지 않다는 것 아닐까?

인간은 누구나 존중 받고 싶어 한다. 그리고 상대방이 나를 존중해주면 나도 그 사람을 위하고 싶은 마음이 생기고, 상대방이 나를 무시하면 나도 그 사람에게 잘해주고 싶지 않은 게 인간의 본능이다.

이런 이야기가 아니더라도, 모든 인간은 남들에게 인정받고 싶어 하는 욕구를 가지고 있다. 심리학에서는 이것을 '인정 욕구'라고 하며, 인간이 가진 수많은 욕구 중에서 가장 강렬한 욕구라고 본다.

그래서 어릴 때부터 인정을 받고 자라면 인격이나 정서가 훌륭한 사람이 되는 것이고, 어릴 때부터 인정을 받지 못하면 정서가 메마르고 문제가 생긴다는 이야기들을 많이 한다.

인정은 이찬수 목사도 춤추게 한다

우리 교회에서 얼마 전에 담임목사 재신임 투표가 있었다. 투표가 마무리되고 그 주 화요일 점심 때 교역자들과 함께 식사를 하려고 기다리고 있는데, 옆에 있던 교역자가 이런 이야기를 전해주었다.

초등학교 4학년인 아이가 담임목사 시무투표 소식을 듣고 그게 무엇인지 엄마에게 물었다고 한다. 아이는 엄마에게서 시무투표에 대한 간단한 설명과 재신임을 받지 못하면 목사님이 교회를 떠나셔야 한다는 이야기를 들은 모양이다. 그러자 아이가 깜짝 놀라면서 자기에게 투표권이 있으면 목사님을 위해 투표하고 싶다고 말했다고 한다.

또 이번에는 교회의 예배 처소가 여러 곳이기도 하고 좀 더 투명하게 투표를 진행하기 위해 전자투표를 도입했다. 그런데 연세가 많으신 한 어르신께서 전자투표를 한다는 이야기를 듣고 투표 전날 잠을 못 주무셨다고 한다. 자신이 그런 것에 서툴기 때문에 혹시 찬성을 찍는다고 찍었는데 반대로 넘어갈까봐 걱정이 되어 잠을 못 주무셨다는 것이다.

사실 이런 반응에 연연하고 싶지 않아서 몇 분이 찬성을 했고 몇 분이 반대했는지 알려주지 말고 최종 결과만 알려달라고 담당자에게 부탁했다. 그래서 나는 지금도 몇 분이 찬성했고 몇 분이 반대했는지 모른다.

그럼에도 불구하고 두 분의 이야기를 들으니 마음이 진짜 좋았다. 그리고 이런 마음이 들었다.

'이런 고마운 분들에게 내가 어떻게 실망을 안겨드릴 수 있겠는가? 앞으로도 하나님 앞에, 또 이런 성도들 앞에 부끄럽지 않은 목회를 해야겠다.'

이런 반응을 보이는 것은 내가 인격을 가진 존재이기 때문이다. 인격을 가진 모든 사람은 자기를 귀히 여겨주고 아껴주는 사람에게 마음을 주게 되어 있다. 바로 이것이 인간의 인정 욕구이고, 인간의 본능이다. 그런데 하나님도 똑같이 말씀하신다.

우리의 인정을 원하시는 하나님

나를 존중히 여기는 자를 내가 존중히 여기고 나를 멸시하는 자를 내가 경멸하리라 삼상 2:30

너는 다른 신에게 절하지 말라 여호와는 질투라 이름하는 질투의 하나님임이니라 출 34:14

이 구절들은 하나님께서도 우리에게 하나님으로 인정받기 원하신다는 것을 강조하고 있다. 자녀를 키워본 분들은 이 감정이 무엇인지 짐작할 것이다. 이제 겨우 아장아장 걸으며 혀 짧은 소리를 내는 어린 아기에게 "너 아빠 사랑하니? '사랑해'라고 말해봐"를 연발하며 아기에게 사랑한다는 말을 듣고 싶어 하던 시절을 기억할 것이다. 그 어린 아기가 혀 짧은 소리로 "아빠 따랑해요"라고 하면 다 들어놓고 못 들은 척하며 "뭐라고? 뭐라 그랬지?"라며 다시 한 번 그 말을 듣고 싶어 하는 아버지의 마음, 이것이 우리를 향한 우리 하나님의 마음이시라면 어떻겠는가?

우주의 주인이신 하나님, 우주를 다스리시는 그분께서는 보잘것없는 내가 인정해드린다고 더 높아지시거나, 깎아내린다고 깎이시는 분이 아니다. 그럼에도 왜 우리에게 인정받기를 원하시는가? 왜 우리에게 질투를 느낀다는 표현까지 쓰시는 것일까? 대답은 간단하다. 비록 보잘것없고 하찮은 우리일지라도 하나님의 관점에서 보면 독생자 예수 그리스도를 내어주시고 얻은 양자, 하나님의 자녀이기 때문이다. 모든 부모는 자식들에게 인정받기 원한다.

우리 부모님들이 엄청난 용돈을 원하시는 건 아니라고 생각한다. 비록 나이가 들고 백발이 성성해 다른 사람들에게는 노인 취급을 받을지라도 자식들에게는 존재 자체로 소중하고 귀하게 여겨지고 싶은 것이 부모들의 마음이다.

이런 면에서 우리는 지금 신앙생활을 잘못하고 있다. 하나님은 기도라는 통로를 통해서 우리와 교제하고 우리의 인정을 받고 싶어

하시는데, 우리는 무언가를 얻어내는 도구로만 여긴다. 그래서 필요한 것을 요구할 때 외에는 기도하지 않는다.

내가 신앙생활을 생기 있게 해나가는 비결 하나가 있다. 나는 샤워를 할 때나 운전을 할 때 계속 하나님과 대화를 나눈다.

"하나님, 오늘 날씨가 참 아름답네요. 이렇게 좋은 날씨를 주셔서 감사합니다. 하나님은 정말 화가보다 멋진 분입니다."

이렇게 하나님을 인정해드린다.

"하나님, 땀으로 절어 있던 몸을 비누로 싹 씻으니까 깨끗한 향기가 납니다. 제 속사람도 예수 그리스도로 말미암아 의롭다 인정받게 되니 참 감사합니다."

우리 하나님은 이런 걸 너무너무 좋아하시고 기뻐하신다. 하나님은 "나를 존중히 여기는 자를 내가 존중히 여기겠다"라고 말씀하신다. 우리는 이런 하나님의 마음을 알아야 한다.

볼지어다 내가 문 밖에 서서 두드리노니 누구든지 내 음성을 듣고 문을 열면 내가 그에게로 들어가 그와 더불어 먹고 그는 나와 더불어 먹으리라 계 3:20

하나님이 우리에게 원하시는 건 이런 것이다. 마치 나에게 이렇게 말씀하시는 것 같다.

"내가 언제 너보고 분당우리교회를 세계적인 교회로 만들라고 얘기했니? 그저 나를 사랑하고, 나와 더불어 교제하며 먹고 마시는 자체가 행복한 것을 성도들에게 보여주면 된다."

하나님을 존중하는 데 실패한 인생

엘리 제사장은 바로 이 부분에서 실패하여 인생이 망가지고 자식들을 망친 대표적인 사례이다. 사무엘상 2장 30절은 전체적인 맥락에서 보면 엘리 제사장을 꾸짖는 가운데 나온 말씀이다. 그 앞 구절인 29절을 보라.

> 너희는 어찌하여 내가 내 처소에서 명령한 내 제물과 예물을 밟으며 네 아들들을 나보다 더 중히 여겨 내 백성 이스라엘이 드리는 가장 좋은 것으로 너희들을 살지게 하느냐 삼상 2:29

여기서 하나님이 지적하시는 엘리의 문제는 무능의 문제가 아니다. 제사장의 직분은 하나님을 경배하고 찬양하고 높여드리며 수많은 백성들 역시 그렇게 하도록 도와주는 자리이다. 그런데 엘리는 제사장의 자리에서 하나님은 높이지 않고 자신과 자식들을 높였다. 하나님은 지금 이것을 지적하신다.

이 말씀은 성도들보다도 목사인 내가 깊이 받아야 할 경고라고 생각한다. 목회자의 자리는 하나님을 높이는 자리이다. 그런데 만일 그 자리가 나 자신을 높이는 자리가 된다면 엘리와 같은 두려운 인생이 될 수밖에 없다. 사무엘상 4장 18절도 마찬가지 이야기이다.

하나님의 궤를 말할 때에 엘리가 자기 의자에서 뒤로 넘어져 문 곁에서 목이 부러져 죽었으니 나이가 많고 비대한 까닭이라 삼상 4:18

엘리와 자식들의 인생, 그 가문이 비참하게 몰락하는 상황이다. 그 과정에서 '비대한 까닭이라'라는 표현이 쓰였다. 원어로 '카보드'인 이 단어는 사무엘상 2장 30절에도 나온다.

"나를 존중히 여기는 자를 내가 존중히 여기고."

여기서 '존중히 여기다'라는 단어가 바로 '카보드'이다. 즉, 엘리가 몰락하는 과정을 표현하는 단어를 원어로 보면, 하나님께 올려 드려야 할 존중을 자기가 가로챘다는 것을 암시하고 있는 표현이라는 것을 알 수 있다.

그들이 실로에서 먹고 마신 후에 한나가 일어나니 그때에 제사장 엘리는 여호와의 전 문설주 곁 의자에 앉아 있었더라 삼상 1:9

앞 구절의 '비대하다'와 같이 이 구절에 쓰인 '의자'도 상징적인 표현이다. 협성대 김재구 교수는 여기 나오는 '의자'라는 단어가 몇 경우를 제외하고는 거의 대부분 '왕좌'라는 뜻으로 사용되었다고 말한다. 예를 들면 다음과 같은 구절이다.

그는 내 이름을 위하여 집을 건축할 것이요 나는 그의 나라 왕위를 영원히
견고하게 하리라 삼하 7:13

여기 나오는 '왕위'가 엘리 제사장을 묘사할 때 쓰인 '의자'라는 단어와 동일한 단어다. 하나님은 이 단어를 통하여 엘리의 어떤 점을 지적하고자 하시는가? 사무엘상하를 기록한 기자가 이 단어를 가지고 의도적으로 강조하고자 하는 것이 무엇인가? 엘리는 제사장이라는 자리를 가지고 하나님을 경배하고 높이기는커녕 그 자리에서 하나님의 영광을 가로채는 짓을 하고 살았다는 걸 암시하고 있다.

시간이 흐르면서 비대해졌다

7년 전에 시무투표를 했을 때는 그 결과를 다 공개했었다. 그때 꽤 많은 성도님들이 찬성을 해주셨는데, 한 신문에서 그 결과를 기사화했고 또한 그것이 화제가 되었다. 그 기사를 보면서 다음에 다시 투표를 하게 되면 결과를 알리지 말아야겠다는 생각을 했다. 왜냐하면 어떤 경우에라도 하나님이 아닌 인간이 드러나는 것은 옳지

않기 때문이다. 그래서 이번 시무투표 때는 그 결과만 알리고 몇 표나 찬성인지, 몇 표나 반대인지 공개하지 않은 것이다.

나는 정말 엘리처럼 인생을 끝내고 싶지 않다. 내 자식들이 엘리의 두 아들들 같은 비참한 인생으로 전락하길 원치 않는다. 그럼 어떻게 해야 하는가? 누가 뭐라고 해도, 누가 어떻게 해도 하나님만 나를 존중히 여겨주시면 끝나는 것 아니겠는가? 그래서 하나님이 주신 이 지침을 지키기 위해 몸부림치는 것이다.

"나를 존중히 여기는 자를 내가 존중히 여기고."

하나님의 궤를 말할 때에 엘리가 자기 의자에서 뒤로 넘어져 문 곁에서 목이 부러져 죽었으니 나이가 많고 비대한 까닭이라 그가 이스라엘의 사사가 된 지 사십 년이었더라 삼상 4:18

이 구절을 보면 엘리가 타락했다는 말 뒤에 "사사가 된 지 사십 년이었더라"라는 설명이 붙어 있다. 시간이 지나면 저절로 변질되기 쉬운 것이 인생임을 말해주는 표현 아닌가? 개척을 시작하던 13년 전에 비해, 첫 시무투표가 있었던 7년 전에 비해, 시간이 지나고 이 자리가 익숙해질수록 나를 살찌우고 비대해질 위험이 있는 게 인간이라는 걸 경고하시는 말씀이다. 이 말씀이 내게 무서운 경고로 다가왔다.

우리 교회 교역자들에게 늘 당부하는 것도 이것이다.

"교회에 온 지 1,2년 된 교역자들을 봐라. 가슴이 뜨거워서 성도들을 심방할 때 온 정성을 다하고 있지 않느냐? 그런데 교회에 온지 10,11년 지나가면 매너리즘에 빠지고 무뎌질 위험이 있다는 걸 잊어서는 안 된다."

늘 이렇게 주의를 환기시킨다. 이런 위험은 성도들도 마찬가지이다. 예수 믿은 지 오래된 성도, 태어나면서부터 교회에 다닌 모태신앙, 예배가 너무 익숙한 성도들은 자기도 모르게 그렇게 될 위험이 크다. 40년이 지나 그렇게 무디어지는 것이다.

최근에 초신자인 어느 성도가 자신의 집에 심방을 와달라고 간곡히 부탁했다. 토요일 오후에는 설교 준비로 시간을 내기가 어렵지만, 미루면 너무 늦어질 것 같아서 그날 심방을 갔다. 그런데 그 초신자 가정을 방문하며 내가 큰 은혜를 받고 돌아왔다.

초신자인 그 분이 하나님 은혜에 대한 감격이 얼마나 넘치는지, 그야말로 감사와 감격이 넘치는 모습 그 자체였다. 그리고 하나님 말씀에 대해 흡수력이 얼마나 높은지, 마치 스펀지가 물을 빨아들이듯이 하나님의 말씀을 수용하고 있었다.

주일마다 예배가 너무 감격스러워서 본당에 들어와 앉으면 눈물부터 난다고 했다. 그 말씀을 나누는 도중에도 연신 눈물을 훔쳤다. 목사이지만 초신자이신 이분이 부러웠다. 오래 예수 믿은 사람일수록 이런 기쁨과 감격을 잃기 쉽다. 그렇기 때문에 우리는 처음 사랑의 감격을 간직하려고 노력해야 한다. 예수 믿은 지 10년이 지나고 20년이 지나도 초신자 때 가졌던 뜨거운 가슴을 계속 유지할 수 있다면 얼마나 좋겠는가?

엘리는 이 점에서 실패했다. 그가 비대해진 것이다. 엘리가 제사장이 되자 마자 그렇게 변질된 것이 아니라 '사사가 된 지 사십 년'의 세월이 흐르면서 서서히 변질되어 간 것이다.

하나님을 신뢰하고 의지하는 태도

그러면 어떻게 하는 것이 하나님을 존귀하게 여기는 것인가? 예수님 사진을 벽에 붙여 놓으면 존귀하게 여기는 것인가? 존귀하게 여기는 마음으로 붙인다면 그것도 하나의 표현이 되겠지만, 그런 가시적인 행위가 중요한 게 아니다.

첫째, 하나님을 존중히 여기는 태도는 하나님을 신뢰하고 의지하려고 애쓰는 태도이다.

자녀를 둔 부모라면 알 것이다. 아이들이 유치원, 초등학교에 다닐 때는 부모를 얼마나 의지하고 신뢰하는지 모른다. 그런데 이 아이들이 중학교에만 올라가면 부모의 말을 무시한다. 뭐라고 얘기하면 "엄마가 뭘 아느냐? 모르면 가만히 있어라"라고 하며 못된 말들을 해댄다.

앞에서 우리는 한나가 하나님과의 약속을 잘 지키는 인물이었다는 것을 살펴봤다. 이제 또 다른 관점에서 한나를 보자.

> 젖을 뗀 후에 그를 데리고 올라갈새 수소 세 마리와 밀가루 한 에바와 포도주 한 가죽부대를 가지고 실로 여호와의 집에 나아갔는데 아이가 어리더라
>
> 삼상 1:24

이 구절에서 "젖을 뗀 후에"라는 표현이 맨 앞에 나온 것은 한나가 하나님 앞에 약속을 지키되 젖을 뗀 아이를 하나님께 보냈다는 것을 강조하기 위함이다. "젖을 뗀 후"는 아기의 입장에서 볼 때 엄마가 없으면 불안해서 견딜 수 없는 시기이다. 그리고 엄마 입장에서는 자녀의 전 생애를 통틀어 가장 예쁜 짓을 할 때이다.

만약에 한나가 사춘기 직후에 사무엘을 하나님 앞에 보냈다면 사실 감동 받을 게 하나도 없을 것이다. 그 나이 때는 나도 보내고 싶다. 죽어라고 말 안 듣고 미운 짓만 골라서 할 때 여호와의 전으로 보내는 것은 그다지 고통이 아닐 것이다. 그런데 한나는 젖을 뗀 후에, 아들 사무엘이 일생에서 가장 아름다울 때, 가장 소중할 때 떼어 보냈다.

이것은 한나가 그만큼 하나님을 신뢰했다는 표현이다. 한나에게 아무리 하나님께 한 약속을 지키고자 하는 의지가 있었다 해도, 아

이를 떼어 놓으면 아이를 망칠 거라든지, 하나님께 맡겨 놓으면 아이가 이상하게 될 거라고 생각했다면 보내지 못했을 것이다. 그런데 어렵게 얻은 그 귀한 아들을 하나님께 떼어 보내기로 결단을 했다는 것은 하나님을 온전히 믿고 의지했음을 말한다. 이것이 하나님을 존중히 여기는 태도이다.

이와 관련해서 내가 설교를 준비할 때의 문제점을 깨달았다. 그것은 내가 설교 준비를 너무 많이 한다는 것이다. 언젠가 아내에게 이런 이야기를 한 적이 있다.

"설교 준비는 도자기 굽기랑 같은 거야. 한 번 준비해서 되는 게 아니지. 초벌구이, 재벌구이, 삼벌구이, 사벌구이를 하고, 설교 준비가 다 끝났어도 주일 새벽 3시에 일어나 오벌구이를 하고, 강단에 올라가기 직전에 또 육벌구이를 해서 설교하는 거야. 이렇게 준비를 하면 할수록 설교가 더 빛이 나고 아름다워지는 거야."

아내에게 이 이야기를 한 것은 한 편의 설교가 있기까지 그 준비 과정이 얼마나 힘든지 말해주고 싶었기 때문이다. 그러면 아내 입장에서 "당신, 정말 수고하시네요. 설교 한 편이 거저 나오는 게 아니네요"라고 반응해야 되는 것 아닌가? 그런데 내 이야기를 열심히 듣고 난 아내는 딱 한 마디 했다.

"그러다 태우지나 마세요."

아내의 의외의 반응에 민망해서 그 대화는 어색하게 끝나버렸다.

그런데 이상하게도 그 후로 내내 아내의 말이 떠올랐다. 아내는 나에게 '그렇게 인간이 노력하는 것만 자꾸 강조하지 말고 하나님의 주권을 인정하고 하나님이 하신다는 믿음이 더 필요하다'는 메시지를 주고 싶었던 것 아닐까? 우리가 하나님을 진정으로 신뢰한다면, 하나님을 진정으로 존귀하게 여긴다면 그분을 의지하는 마음을 가져야 한다.

우리 부모 세대의 어른들이 눈물로 부르던 찬양 중에 이런 노래가 있다.

세월 지나갈수록 의지할 것뿐일세
무슨 일을 당해도 예수 의지합니다

이 눈물의 찬양은 "나는 하나님을 존귀히 여깁니다"라는 말의 다른 표현이다. 날이 갈수록 하나님을 더 의지하는 우리 모두가 되기를 바란다.

하나님의 말씀을 잘 듣는 태도

둘째, 하나님의 말씀을 경청하려고 애쓰는 태도가 하나님을 존귀하게 여기는 것이다. 사실 이것은 영적으로 깊게 생각할 필요도 없이 상식적인 이야기 아닌가? 사람 사이에서도 존경하는 어른이 말씀하시면 얼마나 경청하는가?

예전에 옥한흠 목사님 아래서 일할 때 목사님이 한번씩 부르시면 그 말씀을 받아 적으며 한 말씀도 놓치지 않으려고 애썼다. 그 마음을 아직도 잊지 않고 있다. 간혹 우리 교회의 젊은 교육전도사들을 불러 대화하다 보면 내가 하는 말을 한 마디도 놓치지 않으려고 집중해서 경청하는 모습을 볼 수 있다. 그럴 때면 예전에 옥 목사님의 말씀을 놓치지 않으려 경청하던 나의 모습이 떠오른다. 내가 왜 옥 목사님 말씀을 경청하려고 그렇게 애썼겠는가? 그분이 나의 담임목사님이셨기 때문이다. 존경하는 어른의 말씀은 경청하게 되어 있다.

이런 우스갯소리가 있다. 어떤 사장님이 직원들과 회식을 하는데 별로 웃기지도 않은 이야기를 했다. 그랬더니 다른 직원들은 다 오버하면서 엄청 웃는데, 딱 한 사람만 웃지를 않더란다. 다 웃는데 혼자 안 웃으니까 눈에 띄는 게 당연하다. 그 모습에 열 받은 사장님이 "자네는 왜 안 웃나?"라고 물었더니 그 직원이 딱 한 마디를 하더란다.

"저, 내일 사표 내는데요."

이제는 더 이상 사장님의 말을 경청할 필요가 없다는 의미이다. 사람 사이에서도 어른이 말씀하시면 경청하는 게 도리이고 예의인데, 하나님을 진짜 존귀하게 여긴다면 그분의 말씀을 경청해야 마땅하지 않겠는가.

여호와께서 임하여 서서 전과 같이 사무엘아 사무엘아 부르시는지라 사무
엘이 이르되 말씀하옵소서 주의 종이 듣겠나이다 삼상 3:10

이는 사무엘의 삶을 관통하는 메시지이다.
"말씀하옵소서. 주의 종이 듣겠나이다."
우리의 일평생에 사무엘의 이 모습을 본받는 신앙인들이 되길 바
란다.
그런데 이 구절을 보면 가슴 한편이 아프다. 어린 사무엘에게 이
것을 가르쳐준 사람이 바로 엘리 제사장이라는 점 때문이다.

엘리가 사무엘에게 이르되 가서 누웠다가 그가 너를 부르시거든 네가 말하
기를 여호와여 말씀하옵소서 주의 종이 듣겠나이다 하라 하니 삼상 3:9

엘리는 정답을 알고 있었다. 그것을 다른 사람에게 가르쳤다. 그
런데 자신은 그것을 이행하지 않았다. 담임목사인 나를 비롯해서
부모 된 우리 모두가 자녀들을 가르칠 때만 정답을 말하는 게 아니
라, 우리의 삶으로 하나님을 존귀하게 여기며 그분의 말씀을 경청
하게 되기를 바란다.

말씀에 순종하는 태도

셋째, 들려진 말씀에 순종하여 애쓰는 태도가 하나님을 존귀하게 여기는 모습이다. 사무엘상에는 엘리와 관련해서 가슴 아픈 장면이 하나 더 나온다.

> 엘리가 사무엘을 불러 이르되 내 아들 사무엘아 하니 그가 대답하되 내가 여기 있나이다 하니 그가 이르되 네게 무엇을 말씀하셨느냐 청하노니 내게 숨기지 말라 네게 말씀하신 모든 것을 하나라도 숨기면 하나님이 네게 벌을 내리시고 또 내리시기를 원하노라 하는지라 사무엘이 그것을 그에게 자세히 말하고 조금도 숨기지 아니하니 그가 이르되 이는 여호와이시니 선하신 대로 하실 것이니라 하니라 삼상 3:16-18

하나님이 어린 사무엘을 통해서 예언의 말씀을 주신다.
"엘리 제사장의 가문이 망하게 될 것이다."
그 말씀을 들은 엘리는 모범 답안을 말한다.
"이는 여호와시니 선하신 대로 하실 것이니라."
이것만 보면 엘리가 대단한 믿음의 인물 같다. 하나님의 말씀에 엄청나게 순종하는 사람 같다. 그런데 엘리의 문제는 무엇인가?
만일 엘리에게 진짜 믿음이 있었다면, 여호와께서 말씀하신 대로 행하신다는 걸 믿는 믿음을 가지고 있었다면, 얼굴이 사색이 되고 죽음을 방불케 하는 두려움을 가지고 살려달라고 매달려야 정상이 아니겠는가? 그러나 엘리에게는 이런 모습이 없었다.

하나님은 지금 엘리를 협박하시는 것이 아니다. "널 죽여버릴 거야"라고 말씀하시는 것이 아니다. 하나님은 조폭 두목이 아니시다. 하나님이 사무엘을 통해 엘리에게 이 말씀을 주신 것은 엘리를 협박하고자 함이 아니라 애절한 마음을 전달하신 것이다.

"지금이라도 회개해야 한다. 지금이라도 네가 이 말씀을 심각하게 받고 돌이키면 용서함을 받을 수 있어."

그러나 엘리는 하나님이 들려주신 말씀에 무게감을 두지 않았다. 오늘날의 성도들도 매 주일마다 대한민국 곳곳에서 선포되는 말씀을 들으며 받아 적고 머리를 끄덕이지만, 하나님의 말씀을 무겁게 받아들이는 성도들은 많지 않다.

아직 기회가 있을 때 돌이켜야 한다. 엘리 가정처럼 몰락하기 전에, 엘리의 두 아들들처럼 비참해지기 전에 하나님이 주시는 말씀을 무겁게 받아 회개하는 자리로 나아가야 한다. 그때 비로소 하나님을 존귀하게 여기는 태도가 나오는 것이다.

이런 시각으로 사무엘서의 구도를 살펴보면 정리가 잘된다. 사무엘서에는 두 명의 종교 지도자와 두 명의 왕이 등장한다. 두 명의 종교 지도자는 엘리 제사장과 사무엘이고, 두 명의 왕은 사울과 다윗이다.

두 명의 종교 지도자 중에서 엘리 제사장은 자기를 비대하게 살찌우다가 망한 인물이고, 사무엘은 하나님을 높임으로 끝까지 잘된 대표적인 인물이다. 두 명의 왕을 보아도 그렇다. 사울은 처음에는 겸손히 잘하다가 세월이 가면서 자기를 살찌우다 망해버렸고, 다윗은 끝까지 하나님을 존귀하게 여김으로 '마음에 맞는 자'라는 평가를 받았다.

사무엘서를 통해 하나님이 우리에게 보여주기 원하시는 것이 무엇인가? 엘리의 두 아들을 보라. 아버지가 하나님보다 그들을 높여주었지만 그들은 망했다. 아버지가 높인다고 자식들이 흥하는 것이 아니다. 하나님의 말씀에 순종해야 한다.

순종과 나눔으로 이어지는 삶

지난 추석을 보내면서 성도들에게 너무 감사한 일이 있었다. 분당우리교회에서는 매년 추석과 설날에 경제적으로 어려운 이웃들과 함께 나누고자 빈 박스를 자발적으로 가져가게 한다. 거기에 생필품들을 채워서 교회로 가져오면 어려운 분들과 나누는 것이다.

광고도 따로 하지 않았는데, 이런저런 생필품이나 과일이 담긴 박스가 1,545박스나 들어왔다. 우리 주변에 경제적으로 어려워 쓸쓸한 추석을 보낼 수밖에 없는 분들이 교회에서 보내준 이 박스로 인해 기뻐할 생각을 하니까 기꺼이 순종해준 성도들에게 너무 감사했다.

그 무렵, 교회 게시판에 '우리 교회가 자랑스럽고 우리 교회 다니고 있음이 감사한 순간'이라는 제목의 글이 하나 올라왔다. 내용은 이러했다.

잠시 전에 저희 아파트를 청소해주시는 할머님이 벨을 누르셨어요. 현관에 붙어 있는 분당우리교회 교패를 보고 용기를 내셨다면서 분당우리교회 봉사 팀에 감사인사를 하고 싶다고 전화번호를 물어보셨어요.

내막을 알고 보니 그 봉사팀은 분당우리교회의 긴급 구호 뱅크를 실행하기 위해 조사하는 봉사자 분들이었다. 어려운 분들의 사정을 잘 알고 있는 이분들이 돈을 갹출해서 이 할머니와 몇몇 분들에게 선물을 보내드린 것이다. 그 다음 내용을 보자.

그러면서 할머니께서 자신의 이야기를 좀 해도 되겠냐고 하셔서 편하게 하시라고 했더니 혼자 사시는 할머니셨어요. 거의 70년 동안 성당에 다니셨다면서 분당우리교회에서 지난번에 한 부부가 찾아와 도움도 주고 기도도 해주셨다고 해요.
어제는 또 우리 교회에서 명절에 준비한 추석 선물박스를 받으셨다면서 꼭 이 감사한 마음을 전하고 싶은데 전화번호도 모르고 어떻게 해야 할지 모르니 도와달라고 하셨어요. 이야기를 듣다가 저도 모르게 "제가 홈페이지에 대신 글 올려드릴게요" 하는 말이 나와버렸어요.

찾아주셨던 부부의 이름은 모르시지만 방문하셨던 날 할머니 손을 붙잡고 기도해주셨는데 정말 할머님이 하나님께 하고 싶었던 모든 말들을 대신해주셔서 눈물이 많이 났다고, 기회가 있으면 다시 만날 수 있으면 좋겠다는 말씀도 하셨고요. 어제 박스에 들어 있던 물건들도 하나같이 꼭 필요하고 쓰임새 있는 물건들로 다양하게 꽉 차 있었다면서 종류를 다 말씀해주고 가셨어요.

이런 성도들을 섬기는 목사인 것이 나는 너무 행복하다.

또 누구든지 제자의 이름으로 이 작은 자 중 하나에게 냉수 한 그릇이라도 주는 자는 내가 진실로 너희에게 이르노니 그 사람이 결단코 상을 잃지 아니하리라 하시니라 마 10:42

이것이 하나님의 마음이시라면 이웃에 있는 연약한 사람에게 손 한 번 내밀어주는 것, 경제적으로 어려워 명절이 와도 과일 하나 맘 놓고 먹을 수 없는 이웃에게 주님의 사랑으로 이것을 전달해주는 행동들이 주님을 높여드리는 일일 것이다.

어떻게 하면 내가 하나님을 높여드려 내 인생도 행복하고 자녀들도 복을 받는 인생이 될 수 있을까 고민하는 우리가 되길 바란다. 그래서 우리의 인생이 사무엘처럼 끝까지 하나님을 높여드리고, 끝까지 하나님의 은혜를 누리는 인생 되기를 기도한다.

드림Dream 속의 드림Offering,

또 다른 한나를 찾아서

그녀, 이진주 이야기

칠흑같이 캄캄한 어둠이 사방에 엄습해 있고,

나는 지금 쫓기고 있다.

괴물에게.

끝이 보이지 않는 긴 길을 따라 무작정 뛰고 있는데
다리가 내 마음처럼 움직여주질 않는다.
그렇게 한참을 뛰고 나니 괴물은 사라지고
눈앞에는 방문이 하나 보인다.

웬 문이지?
낯이 익다.

원복에 니스를 칠하고 고급스러운 경첩과 손잡이를 달아 만든 문.

이건….

나는 조심스럽게 손잡이를 잡고 방 안으로 들어갔다.
구석에서 한 소녀가 웅크리고 울고 있었다.

"얘, 여기서 왜 그러고 있니? 무슨 일 있니?"

나는 소녀의 어깨를 잡고 말을 걸었다.

그러자 소녀는 천천히 고개를 들더니
빨갛게 된 눈으로 나를 응시하며 말했다.

"너 때문이야."

헉!

식은땀을 흘리며 벌떡 일어났다.

시계를 보니 새벽 3시다.

이런 악몽이 최근 들어 심해지기 시작했다.
꿈속의 소녀가 뇌리에 박혀 쉽사리 잊히질 않는다.

사실 나는 그 소녀가 누군지 알고 있다.

내 이름은 **이진주**이다.

나는 유복한 어린 시절을 보냈다.
언제나 경제적으로 부족함이 없었고
친구들은 나의 좋은 옷이나 학용품을 부러워하곤 했다.

그러나 가장 부러워했던 것은 우리 집이었다.

기둥부터 방문까지 원목으로 멋들어지게 지어진 우리 집은
지나가는 사람들도 한 번씩 쳐다볼 정도였다.

친척들과 이웃들은 우리 가정이 부족한 점 하나 없는
화목한 집이라고 여겼다.

그러나 보이는 것이 다가 아닌 법.

우리 가정에도

깨.어.진.

부분이 있었다.

아버지는 사회적으로 매우 성공하신 분이지만 가정에는 소홀하셨다.
일주일에 아버지의 얼굴을 볼 수 있는 시간은 서너 시간이 전부였기에

나에게 아버지라는 사람은 존재했지만

아버지와의 관계는 존재하지 않았다.

그래서 더 엄마에게 매달리고 사랑받고 싶었다.

그러나 엄마의 애정은 오빠의 것이었다.

네 살 터울의 오빠는 어려서부터 똑똑해서
공부도 곧잘 하고 다방면으로 뛰어났다.
그런 오빠에게 엄마는 큰 기대를 하고 계셨다.

초등학교 3학년, 그러니까 열 살이 되던 해 봄이었다.

5월에는 엄마의 생신이 있었다.

나는 일주일 전부터 엄마께 드릴 그림을 그리는 데 여념이 없었다.

미술에 꽤 소질이 있었고 상도 몇 번 타봤기에
그림 그리는 것에 자신이 있었다.
직접 그린 그림을 드리면 엄마가 좋아하실 것으로 생각하고
어린 마음에 들떠 있었다.

날이 밝자마자 나는 그림을 들고 거실에 있는 엄마에게 뛰어갔다.

"엄마! 엄마! 이것 보세요.
제가 생신 선물로 그린 거예요!"

"아침부터 왜 이리 소란이니? 가만히 좀 있어 봐!
너, 오빠가 받아온 성적표 좀 봐라. 반에서 1등이야.

너도 오빠 반이라도 닮아봐라.

어휴 우리 아들~ 어쩜 이렇게 훌륭해?
중학교 올라가자마자 1등을 하다니
엄마는 안 먹어도 배부르다.
생일 선물 고마워, 아들."

오빠가 이미 중간고사 성적표를 엄마께 선물로 드리고 있었고

나는 엄마의 안중에도 없었다.

두 사람과 나의 거리는 몇 발자국 남짓이었지만
우리 사이에는 우주가 있었다.

거실에는 우리 남매가 받아온 상장을 걸어 놓는 곳이 있었다.

엄마는 성적표를 걸 자리가 부족하자

내가 올해 미술 대회에서 받은 상장을 떼어내고
그 자리에 오빠의 성적표를 붙였다.

나는 엄마가 후에 봐주시리라 생각하고 탁자 위에 그림을 놓아두곤
방으로 들어가 등교 준비를 했다.

하굣길에 보니 집 앞에 쓰레기가 쌓여 있었다.
수요일은 폐휴지를 버리는 날이었다.

나는 쓰레기 더미에서 무언가를 발견했다.

집에 오자마자 나는 방문을 닫고 구석에 웅크리고 앉아 펑펑 울었다.

엄마에게 나는 그런 존재였다.
우리 집에서 나는 그런 존재였다.

그래서 그때 나는 결심했다.

반드시 인정받을 것이다.
가족들에게도,
세상에서도.

그날 이후로 나는 그림을 그리지 않았다. 그 대신 공부를 했다.

오빠가 4시간을 공부하면 나는 5시간을 했고,
오빠가 반에서 1등을 하면 나는 전교 1등을 했다.

노력의 결과가 언제나 순탄하게 나타나준 것은 아니었다.

고3 때는 명문대 입시에 실패해서 재수를 했고,
대학교 졸업 후에는 대기업 취업에 번번이 낙방했다.

그리고 엄마는 여전히 나보다 오빠를 인정해주고
오빠에게만 기대하는 것 같았다.

그때마다 나는 이런 생각을 했다.

입시에 실패한 것은 내가 노력하지 않아서이다.
나는 지금보다 배로 노력해야 한다.

취업이 안 되는 것은 누구나 겪는 청춘의 아픔이다.
나는 아픔에 둔감해져야 한다.

엄마가 아직도 날 바라봐주지 않는 것은
내가 엄마 기준에 부응하지 못해서이다.
나는 완벽해져야 한다.

어렵게 입사한 회사에서도 나는 인정받기 위해 충직한 개처럼 일했다.
입사 후 나의 삶을 모두 이곳에 쏟아부었다고 자부할 수 있다.

야근도 마다하지 않았으며, 중요한 시기의 연애는
나에게 사치라고 생각돼 남자도 만나지 않았다.

회사 내에서는 나에 대한 칭찬이 자자했고
결국 능력과 성과를 인정받아 스물여덟의 나이에 팀장 자리에 올랐다.

사람들은 내가 완벽한 사람이라고 말했다.

이 모든 것은 내가 열심히 노력하여 이루어낸 것들이었다.
나는 내가 이 달콤한 보상을 받을 자격이 있다고 생각했다.

엄마도 간간이 자신의 친구들에게 내가 팀장이 됐다고 자랑을 하셨다.

드디어 내가 원하는 대로 이루어졌지만

'내가 그토록 바라던 엄마의 인정인데
왜 이렇게 가슴이 허할까?'

···가슴에는 바람만이 스쳐 갔다.

삶에 치일 때마다 나는 스스로 나의 성과들을 위안 삼으며
하루 하루를 치열하게 버텨갔다.

그러나 나는 요즘 느끼고 있다.

아니,
이때까지 모른 척했다고 하는 편이 맞는 것 같다.

나는 지금 벼랑 끝에 서 있다.

그러나 나는 또 한 번 더 나를 외면할 것이다.

회사에서 나의 입지는 점점 굳어져갔다.
그런데 올해 새로 맡게 된 팀에서 팀원 하나가 영 거슬린다.

이름은 **최은혜**, 스물아홉 살이다.

그녀를 보고 있으면 한심함이란 단어가 떠오른다.

안일한 업무 태도는 물론 매사에 미적지근했고,
보고서나 기획안은 독창성이라곤 하나도 없으며 노력한 티도 나지 않았다.
그저 그렇게 일하다가 연차 채우고 승급하는 얄미운 사원들이 있다던데,
그녀도 그들 중 하나라고 생각하니 굉장히 못마땅했다.

그런데 최근 몇 주 사이, 그녀가 많이 변했다.

나는 여느 때와 마찬가지로
머릿속에서 사내 성과제도의 미비함에 대해
신랄하게 비판하며 출근했다.

오전 사무실의 모습을 보고 있노라면 정신이 하나도 없다.
전화기는 쉴 새 없이 울리고,
사람들은 분주하게 서류를 들고 왔다 갔다 한다.
그런데 그 분주함 속에서 나는 모순적인 분위기를 느꼈다.

차가움과 황량함 속에 스며든 따뜻한 기운….

"팀장님, 좋은 아침이에요. 이거 제가 만든 건데 한번 드셔보세요."

최은혜 씨였다.
그녀는 자신이 만든 쿠키를 나눠주고 있었다.

몇 주 전부터 그녀의 어두웠던 얼굴이 밝아지고,
항상 웃음을 띠었다.

마치 좋은 일을 경험한 사람처럼.

그리고 업무 중에 몰래 쇼핑을 하거나
마지못해 일하는 것 같은 느낌이 들었는데
요즘은 꽤나 진지하고 열심히 제 일을 하는 것 같다.

오후에는 프로젝트팀 회의에서 팀원들의 보고서를 훑었다.

항상 그랬던 것처럼 최은혜 씨를 망신 주기로 벼르던 참이었다.
나는 여러 사람 앞에서 그녀에게 망신과 핀잔을 주어왔다.
노력하지 않는 자는 그에 응당한 대가를 치르는 법.

**당연한 이 진리를 따를 뿐,
사적인 감정으로 그런 것은 아니다.**

그런데… 웬일로 보고서가 꽤 만족스러웠다.

나는 당혹스러움을 감추기 힘들었다.
그러나 그녀를 몰아세우고 싶었다.

"최은혜 씨, 지금 뭐하자는 거죠?
한두 번 제출하는 것도 아니고 매번 실망스럽네요.
사람이 아주 일관성 있어요!"

평소에 제대로 했다면 그러지 않았을 것이다.
이런 쓴소리가 그녀에게도 도움이 될 테고,
궁극적으로 난 정당한 행동을 한 것이다.

정당한….

그래, 나는 부당하지 않다.

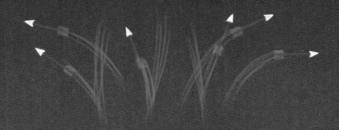

"팀장님, 죄송합니다.
나름 열심히 작성한 것인데 많이 부족했나 봅니다.

죄송하지만, 어떤 부분에서 어떤 식으로
수정이 이루어지면 좋을지 조언해주실 수 있나요?

그러면 재작성의 방향을 잡는 데 훨씬 수월할 것 같습니다."

최은혜 씨의 말에는 이전에 없던 **당당함**이 있었다.

이때까지 풀이 죽은 듯 대꾸도 못 했던 사람이
공손하면서도 똑 부러지게 이야기하자 나는 너무 놀랐다.

그녀의 눈빛과 말이 나에게로 꽂혀 이렇게 얘기하는 듯했다.

무언가에 압도당한 듯 나는 말을 더듬었다.

"그… 그게….

그러니까…
어… 마지막 부분을 다시 정리해보세요."

"네, 팀장님. 오늘 퇴근 전까지 수정해서 다시 올리겠습니다."

다들 내 앞에서 말을 안 할 뿐, 읽어봤으니 알 것이다.
그녀의 보고서가 나쁘지 않다는 것을.

부끄러워서 견딜 수가 없었다.
내가 왜 그랬는지 후회가 파도처럼 몰려왔다.

"수고하셨습니다~"

퇴근 시간이 되자 은혜 씨가 밝은 인사를 건네고 퇴근 준비를 했다.

"은혜 씨, 요즘 무슨 좋은 일 생겼어요?
좀… 분위기가 바뀐 것 같네."

"……."

그녀가 멈칫하더니 곰곰이 생각하는 표정을 지었다.
은근슬쩍 가볍게 물어보려고 했는데 괜히 내뱉었나 후회가 들었다.

"팀장님, 저랑 오늘 회사 앞 카페에서 커피 한 잔 하실래요?"

나도, 만나고 싶다

뜻밖의 제안에 나는 당황해서 얼굴이 붉어졌다.

"예…?! 저랑요…?"
"네! 시간 안 되세요?"
"아니, 그런 건 아니지만… 알겠어요."

나는 그녀가 왜 나와 만나서 이야기를 나누고 싶어 하는지
영문도 모른 채 카페로 향했다.

카페에는 감미로운 음악이 흘러나오고
테이블 위에는 음료 두 잔이 있었다.
그녀가 먼저 입을 열어 적막을 깼다.

"팀장님, 왜 제가 바뀌었는지 궁금하다고 하셨죠?"

"맞아요. 근데 전 그냥 가볍게 물어본 거였는데
이렇게 만나자고 할 줄은 몰랐네요."

"그냥 가볍게 할 수 없는 이야기여서
이렇게 따로 시간 내어 대화하고 싶었어요."

"무슨 일인지 궁금하군요."

"저는요,

친한 친구와 만나서
수다를 떨어도,

맛있는 것을 먹어도,

여행을 가도,

애인이 생겨도,

무언가 채워지지 않는 공허함이 있었어요.

팀장님도 느끼셨겠지만,
회사도 안 나갈 수 없어 억지로 다녔고
삶에 전반적으로 열정이 없었죠.

그런데, 어떤 경험을 통해 제가 변화되었던 거예요.

저는 어렸을 때부터 미적지근하게 교회를 오갔어요.
'하나님께서 당신을 사랑하십니다.'
이런 소리를 너무 많이 들어서

그냥 당연하게 그런가 보다 하고 살아왔죠.

독립하고 회사 다니면서 자연스레 교회에 소홀해졌고
나중엔 아예 안 나가기 시작했어요.

하나님을 믿는다고는 하지만
하나님과 함께하는 삶과는 거리가 멀었던 거예요.

무한경쟁 사회의 풍파 속에서 혼자 힘으로 아등바등
어떻게든 살아남아보려고 했지만 뜻처럼 되지 않았어요.

결국에는 지쳐서 무기력해진 나 자신의 모습을 바라보며 한심해했고

이제 내년이면 삼십대에 접어드는데,
해놓은 것이 아무것도 없어 두려웠어요.

그러면서 자존감도 점점 낮아지고…"

은혜 씨는 잠시 숨을 고르더니 곧 이야기를 이어나갔다.

"최근, 성경 말씀 중에 '**한나**'라는 여인의 이야기를 접하게 되었어요.
당시 사회에서 한나는 아이를 낳지 못해
저주받은 존재로 여겨져 많은 사람에게 멸시를 받았어요.

그런데 그녀는 그 상황 속에서
자신의 고통 받은 모습 그대로 하나님께 나아가
기도하더군요.

마치 그분과 대화하듯이요.

기도를 마치고 나서는…
걱정을 내려놓고 평안해했어요!

하나님이 한나 자신을 얼마나 사랑하시는지 느끼며 행복해할 뿐이었죠. "

그녀는 이야기를 잠시 멈추고 떨리는 목소리를 가다듬었다.

나는 아무 말도 할 수가 없었다.
그저 그녀가 다음 말을 잇기를 기다릴 뿐이었다.

"저는 한나의 기도를 보고 깨달았어요.

'아… 하나님은 나와 언제나 함께하셨구나.
내가 아플 때도 함께하셨구나.

부모가 자식 대신에 아파하고 싶듯이,
그렇게 나보다 더 아프셨구나…!'

이런 하나님을 저는 처음 느꼈어요.

그제야 하나님의 마음을 알지 못했던 나의 죄를 알았고,
마음을 열어 **그분의 사랑**을 받아들일 수 있었어요.

그러고 나서 든 느낌은…

**따뜻함과 평안,
그리고 자유함이었어요."**

긴 이야기를 끝마치자 그녀의 눈에는 어느덧 눈물이 고여 있었다.

감히 그녀가 진심이 아니라고 할 수 없었다.

무엇이 그녀를 이렇게 감동하게 했는가?

신이라는 존재는 없다고 생각해 와서
처음에는 종교 이야기를 꺼내는 그녀가 당황스러웠지만,

하나님이라는 분에 대해 조금 궁금해졌다.

"그랬군요⋯.
근데 삶을 공허하다, 힘겹다 말하면서도
다들 나름 잘 살아가지 않나요?

왜 굳이 하나님을 찾아야 하죠?"

"음⋯.

팀장님에게도 삶의 고민과 아픔이 있으시겠죠.
혹시 자신의 삶의 문제가 구체적으로 무엇인지
치열하게 생각해본 적이 있으신가요?

**대부분의 사람들은 자신의 모습을 직면하기 싫어해요.
그 과정이 아프고 힘드니까요.**

그런데 그냥 놔두면 곪기만 하고 낫지를 않겠죠.

썩어 들어가기 전에 우리는 우리의 아픔을 외면하지 말고,
상처투성이인 나의 모습을 가장하지 말고
하나님 앞에 솔직하게 고백하고 도움을 구해야 해요.

순간적이지 않은,

온전한 치유를 받을 방법은

오직

하나님께만 있으니까요."

"은혜 씨가 요즘 바뀐 것도 하나님 때문이라는 거죠?"

"네. 저는 하나님을 만나고 이전의 제 삶이 아닌
하나님과 함께 살아가는 삶을 시작했어요.

이제는 제 마음이 하나님으로 가득 채워져서 더는 공허하지 않아요.

그리고 하나님이 나를 사랑하신다는 사실을 받아들이자
나도 사랑할 수 있게 되었고,
다른 사람들도 사랑스럽게 보이기 시작했어요.

**그래서 내 삶을 열심히 살고 싶어졌고,
주변에 사랑을 전하고 싶어졌어요."**

이 말을 할 때 그녀의 얼굴에서 빛이 느껴졌다.

"당장 그런 내용이 받아들여지지는 않네요.
이해되지 않는 부분도 많고요."

"제가 경험하고 느낀 하나님을 팀장님도 만나셨으면 좋겠단 마음에
오늘 용기 내서 이렇게 대화를 청했어요.

또, 하나님께서 팀장님을 계획하셨고 사랑하시기에
오늘 제가 이 이야기를 하길 원하신다는 생각이 많이 들기도 했고요."

"하나님…이라….
한번 생각은 해볼게요.
근데 저에게 큰 기대는 하지 말아주세요."

"네, 그럼요!
궁금하신 것이 있으면 저에게 언제든 이야기해주세요."

나는 그녀와 몇 마디를 더 나누고 카페를 나섰다.

매일 마시는 저녁 공기였다.
그러나 오늘은 조금 특별하게 느껴졌다.

나는 운전을 하며 집으로 가는 길에 그녀와의 대화를 곱씹어보았다.

불현듯 최근 자주 꾸던 악몽이 생각났다.

꿈속 그 소녀는…

바로 '나', 이진주이다.

그 사실을 알고 있음에도 나는 그때의 기억을 덮어두었다.
그렇게 소녀는 나로 인해 18년 동안 방에서 방치되어 있었다.

맞다.
나는 자신의 상처와 문제를 되돌아보지 않는 겁쟁이다.

이것을 인정하고 싶지 않았다.

스스로 채찍질하고 삶이라는 쳇바퀴를 열심히 돌리며 살아왔다.

내 아픔과 마주할 때 생기는 고통을 겪고 싶지 않아
삶이 바쁘다는 핑계로 나 자신을 외면했고,
성공과 인정이라는 가면으로 나를 가렸다.

그러나 지금 내 모습은 속이 텅 빈 산송장 같다.

내 태도가 자신을 갉아먹고 다른 사람에게도 독한 말로 그렇게 했다.

그녀가 느꼈다던 그 하나님의 사랑이라는 것이 무엇이기에
그토록 사람을 생기 넘치게 바꾸어 놓았을까?

너무 공허해서 시린 가슴이 무엇으로 메워질 수만 있다면,

그 방에 갇혀 있는 나를 꺼내 자유로워질 수만 있다면,

그 하나님이라는 분…

나도 한번 만나보고 싶다.

기도하고 통곡하며

초판 1쇄 발행	2015년 11월 13일
초판 16쇄 발행	2024년 7월 2일

지은이	이찬수

펴낸이	여진구
책임편집	이영주
편집	박소영 최현수 안수경 김도연 김아진 정아혜
책임디자인	마영애 노지현 조은혜 이하은
홍보 · 외서	진효지
마케팅	김상순 강성민	마케팅지원	최영배 정나영
제작	조영석 허병용	경영지원	김혜경 김경희

303비전성경암송학교 유니게 과정
이슬비전도학교 / 303비전성경암송학교 / 303비전꿈나무장학회

펴낸곳	규장

주소 06770 서울시 서초구 매헌로 16길 20(양재2동) 규장선교센터
전화 02)578-0003   팩스 02)578-7332
이메일 kyujang0691@gmail.com   홈페이지 www.kyujang.com
페이스북 facebook.com/kyujangbook   인스타그램 instagram.com/kyujang_com
카카오스토리 story.kakao.com/kyujangbook
등록일 1978.8.14. 제1-22

ⓒ 저자와의 협약 아래 인지는 생략되었습니다.
이 출판물은 저작권법에 의해 보호를 받는 저작물이므로 무단 전재와 무단 복제를 할 수 없습니다.

책값 뒤표지에 있습니다.
ISBN 978-89-6097-428-9 03230

규 | 장 | 수 | 칙

1. 기도로 기획하고 기도로 제작한다.
2. 오직 그리스도의 성품을 사모하는 독자가 원하고 필요로 하는 책만을 출판한다.
3. 한 활자 한 문장에 온 정성을 쏟는다.
4. 성실과 정확을 생명으로 삼고 일한다.
5. 긍정적이며 적극적인 신앙과 신행일치에의 안내자의 사명을 다한다.
6. 충고와 조언을 항상 감사로 경청한다.
7. 지상목표는 문서선교에 있다.

하나님을 사랑하는 자 곧 그의 뜻대로 부르심을 입은 자들에게는 모든 것이 合力하여 善을 이루느니라(롬 8:28)